Hamburg

Satirisches Handgepäck
von Sebastian Schnoy

garantiert ohne Musicaltipps!

Michael Müller Verlag

Inhalt

Der Autor

Sebastian Schnoy

»Sebastian Schnoy ist der
Guido Knopp des Kabaretts.«
Die Welt

Sebastian Schnoy ist einer der ersten deutschen Kabarettisten, der Historisches auf der Bühne präsentiert. Sein Erfolgsprogramm »Hauptsache Europa« (2008–2011) begeisterte deutschlandweit. Sein Buch »Smörrebröd in Napoli« (Rowohlt Verlag, 2008) war wochenlang auf der Spiegel-Bestsellerliste. Auch das nächste Buch »Heimat ist, was man vermisst« (Rowohlt Verlag, 2010) wurde von seinen Lesern verzückt aufgenommen. Sein Roman »Lass uns Feinde bleiben« (Rowohlt Verlag, 2011) ließ ihn als Romanautor brillieren. Im Juni 2013 erschien das Buch zum Live Programm »Von Napoleon lernen, wie man sich vorm Abwasch drückt« und vor kurzem der Roman »Ghostdater«. Ein romantisch-komödiantisches Buch mit Humor vom Feinsten.

schnoy.de
facebook.com / Sebastian.Schnoy

Der Herausgeber

Christian Schultz

Redakteur, TV-Producer und Autor

»Chrischan« ist halber Hamburger und hat sich schon als Kleinkind an den Landungsbrücken von St. Pauli herumgetrieben. Wenn auch (noch) unter Aufsicht seiner Mutter.

Hamburg ist bis heute sein Sehnsuchtsort, und die Liebe zu seiner Familie und zu seiner Patentochter Maleen treibt ihn regelmäßig in die »schönste Stadt« an der Elbe.

Seit 1993 ist er im Bereich Show, Kabarett, Comedy sowie Sitcom und Serie als freier Producer und Autor für diverse ARD-Anstalten, 3Sat und VOX sowie für Künstler wie Ottfried Fischer, Florian Schroeder (Offen für alles und nicht ganz dicht, Rowohlt Verlag, 2011), Klaus Karl Kraus (Kabarett aus Franken) u.a. tätig.

Neben Klassikern wie »Ottis Schlachthof« (BR) und dem »Bayerischen Kabarettpreis« (BR) konzipierte und produzierte er zuletzt die Sitcom »Spezlwirtschaft« (BR), den »Satire Gipfel« (ARD), »Puschel-TV mit Alfons« (SR), »Schroeder! – Die Kabarettshow« mit Florian Schroeder (SWR) und arbeitete als Autor für »Seitensprung« (3Sat).

Hamburg
ist Humbug

>Heimat ist, wo einer stirbt, nicht da, wo einer lebt.
Und wenn die Reihe mal an mir ist,
dann soll es in Hamburg sein.«

Hans Albers
*1891 in Hamburg St. Georg
† 1960 am Starnberger See

Dies ist der erste Hamburgführer ohne Musical-Tipps. Sie werden keine Fotos von Alsterdampfern am Jungfernstieg finden und keines von den Arkaden am Rathaus. Kurz: Alles, was erfunden wurde, um Touristen davon abzuhalten, die echten Orte der Stadt zu finden, an denen Hamburger gerne unter sich sind, lasse ich weg. Wenn Sie Freunde in Hamburg gewinnen wollen, beginnen Sie ein Gespräch am besten mit dem Satz: »Hamburg ist sooo schön. Ich könnte mir gut vorstellen, hier zu leben.« Das schmeichelt dem Hamburger. Er kann sich einbilden, er sei ein Kosmopolit, dessen Entscheidung, hier zu leben, tatsächlich eine ästhetische war. Dabei lebt er aus denselben Gründen an der Elbe, derentwegen Bielefelder in Bielefeld leben. Wahrscheinlich stammt er von hier, hat einen Job in einer Reederei am Baumwall angenommen oder – und das ist noch der schönste Grund – hat sich hier verliebt und ist zu seiner Liebe gezogen, die zum Glück nicht in Bielefeld lebt.

»Hamburg ist sooo schön.« Wiederholen Sie das ruhig alle paar Minuten, auch die Hamburgerin wird gnädig nicken, als habe sie den Umriss der Außenalster selbst gezeichnet. Hamburger sind der Meinung, sie lebten in der schönsten Stadt der Welt. Dass die meisten Einwohner nicht alle Städte der Welt kennengelernt haben, um diese gewagte These wirklich belastbar zu machen, spielt dabei keine Rolle. Aber Hamburg ist nicht nur die schönste Stadt der Welt, sie ist noch mehr, sie ist nämlich besser als Berlin.

Berlin, ja gut, aufregend und so, aber dort leben? Kein Hafen, keine Containerschiffe, keine Alster. Berlin ist für Hamburger eigentlich nur eine Anhäufung von Häusern. Dies müssen die Hamburger ab und zu mal sagen, denn sie spüren eine Konkurrenz zwischen den Städten, und das, obwohl der Gewinner doch feststeht: Hamburg. Interessanterweise weiß man in Berlin nichts von dieser Konkurrenz. Kein Mensch beschäftigt sich dort mit der Frage, welche Stadt cooler sei, denn dort benötigt man alle Energie für die Diskussion der Frage, ob Berlin besser sei als New York. Aber fragen Sie niemals New Yorker in Soho, welche Stadt sie cooler finden, sie kennen die Debatte nicht. Ebenso wenig kennen Hamburger die Debatte, ob Hamburg cooler sei oder Bremen. Bremer reden täglich darüber, aber was soll man in Bremen sonst auch machen?

Eine der letzten Freiflächen in der Hafencity.
Bei Ihrem nächsten Hamburgbesuch wird sie schon verschwunden sein.

Dieses Buch ist für Leute, die Hamburg besuchen, ebenso wie für Hamburger, die hier schon lange wohnen, aber einmal einen ganz anderen Blick auf ihre Stadt werfen wollen. Ich glaube, ich bin einer der wenigen Menschen, die Touristen mögen. Ich habe Mitleid mit ihnen. Über Touristen wird gerne geschimpft. Auch steht jedwedes Wort, das mit »Touristen« verbunden ist, für etwas Schlechtes: Eine Touristenaufführung, ein Touristenhotel und ein Touristenmenü sind immer unterstes Level. Touristen scheinen fast so unbeliebt zu sein wie Terroristen. Für London schlug Prinz Philip schon mal vor, man könne sämtliche Staus verhindern, wenn man nur den Tourismus verbiete.

»Das Problem sind die Touristen. Sie verstopfen die Straßen. Wenn wir den Tourismus stoppen könnten, könnten wir die Staus verhindern.«

Prinz Philip
(bei einem Treffen zur Förderung des Tourismus)

Ich verstehe das nicht. Wenn ich in Hamburg Doppeldeckerbusse mit Touristen sehe, fühle ich mich geschmeichelt, denn die Stadt, in der ich lebe, scheint für andere so interessant zu sein, dass sie herkommen und sie anschauen möchten. Das ist doch ein Kompliment. Einwohner von Eisenhüttenstadt und Goslar werden nicht von Touristen belästigt. Und wenn Sie die Stadt besuchen, in der ich wohne, will ich Ihnen wirklich Besonderes zeigen. Als Kabarettist bin ich vor allem selbst ein Reisender, nicht nur, was Orte, sondern auch, was Schichten und Milieus betrifft. Ich war bei Reedern in Blankenese zu Gast, die selbst beim Grillen einen dunkelblauen Anzug mit goldenen Knöpfen und Krawatte tragen, aber auch bei den einfachen Leuten im Osten Hamburgs, die des

Sommers ein Sofa aus dem dritten Stock werfen und davor ein Feuer aus Spanplatten machen. Ich trieb mich lange unter Hausbesetzern und Bauwagenbewohnern herum, verkehrte aber auch in der Handelskammer, trat im Anglo-German-Club auf und für den Lions Club in Blankenese.

Dies ist aber auch ein höchst subjektives Buch über die Stadt, in der ich 1969 geboren wurde und noch heute lebe. Hamburg-Klischees werden ignoriert oder als falsch entlarvt. Aber es gibt natürlich Dinge, die gar kein Klischee sind. Der Reichtum rund um die Alster und am Elbufer ist real: Heerscharen blank geputzter Buchsbäume und altehrwürdiger Laubbäume, ganze Batterien von Klingelknöpfen und Briefkästen aus poliertem Messing, dazu Damen aus Gips, die Balkone auf ihren Schultern tragen – all das gibt es in Hamburg. Ab Ottensen kann man vierzig Minuten gen Westen fahren, und das Villenviertel ist noch nicht zu Ende. Genauso kann man allerdings vom Hauptbahnhof in Richtung Osten

Hamburgs Côte d'Azur

aufbrechen und ist nach vierzig Minuten noch nicht an allen Hoch-
häusern vorbeigefahren, hat noch nicht das Ende einer großen
Wüste von roten, backsteinernen Mietshäusern erreicht. Dieser
riesige Osten unterscheidet sich kaum von den Arbeitervierteln
in Hannover oder Köln. Deshalb muss man als Touri aufpassen,
nicht seine Zeit an Orten zu verplempern, die eigentlich nur dafür
da sind, Prolls aus dem Hamburger Osten zu beschäftigen, damit sie nicht auf den Gedanken kommen, selber Spaziergänge im
Treppenviertel zu machen. Das könnten sie zwar auch, doch es
scheint, als lotse die Stadt einfache Leute und Touris ohne Peilung
in ein paar Zonen, aus denen man sich als echter Hamburger raus-
hält. Die Spitaler Straße, Fußgängerzone am Hauptbahnhof, und
die Mönckebergstraße mit H&M, C&A und vielen Taschendieben.
Jede Stadt hat ihre schönen und schattigen Seiten, trotzdem meine
ich bei meinen Gastspielen in Süddeutschland und der Schweiz
bei Zuschauern, mit denen ich über Hamburg ins Gespräch gekommen bin, ein entrücktes Schimmern in den Augen gesehen zu

haben, das man eigentlich nur von Hans Albers kannte. Während dessen berühmter Blick in die Ferne aber nur daher rührte, dass er sich keinen Text merken konnte und ihm in jeder Dialogszene jemand eine Pappe mit dem nächsten Satz neben seiner Spielpartnerin in die Höhe halten musste, gehörte dieses Schimmern in den Augen der Leute in Basel oder Stuttgart eher zu dem Satz: »Ach ja, Hamburg, da waren wir zu Ostern, und bald wollen wir wieder hin.«

Hamburgs Hafenmoschee. Immer wenn ein Schiff nach Istanbul ablegt, singt hier der Muezzin ...

Oft sagen mir diese Auswärtigen auch, dass Hamburger zu ihnen überraschend nett waren, obwohl Norddeutsche doch als verschlossen gelten. Joa, kann schon sein. Manche verlieben sich hier sogar und müssen mit dieser Zurückhaltung auf Dauer umgehen. Liebst du mich denn? Joa, kann schon sein. Oder willst du mich etwa verlassen? Tut das not? Gucken wir mal.

Dieses Kapitel
gelesen von Sebastian Schnoy

Der perfekte Soundtrack nach Hamburg

Wenn Sie nach Hamburg kommen, ist der Weg in die Stadt die erste Strophe ihres eigenen Hamburgliedes. Es sollte ein guter Soundtrack werden, vermeiden Sie hier Fehler, denn schon die Fahrt nach Hamburg hinein kann grandios sein, muss es aber nicht.

So machen Sie es richtig:

Mit der Bahn

Vermeiden Sie die Anfahrt aus Lübeck oder Berlin, man weiß im Zug lange nicht, wo man überhaupt ist, und dann rollt man überraschend in den Hauptbahnhof. Huch, schon Hamburg? Das geht intensiver. Die beste Bahnstrecke kommt aus dem Süden, aus Hannover oder Bremen. Ab der zweiten Elbbrücke lohnt es sich aufzustehen, die letzten fünf Minuten baut sich links das ganze Panorama der Hafencity auf.

Bei Sonne glitzert die Elbe, irgendein Kreuzfahrtschiff ist immer da. Dazu kann man hier auf dem letzten Kilometer schnell den jüngsten Baufortschritt der Hafencity in Augenschein nehmen. Schließlich schiebt man sich langsam am Ende der Speicherstadt, am Spiegel-Gebäude und den Deichtorhallen vorbei in den Bahnhof.

Mit 500.000 Reisenden pro Tag ist der Hamburger Hauptbahnhof auf Platz 1 der meistfrequentierten Bahnhöfe in Deutschland. Hier steigen täglich 200.000 Menschen mehr ein und aus als in Berlin – schon wieder gewonnen! Aber es reicht, das zu wissen. Sie müssen nicht unbedingt persönlich an diesem Rekord mitwirken, denn oft wird es ungemütlich vor den Rolltreppen und auf den zu engen Bahnsteigen.

Behalten Sie Platz, überlassen Sie anderen das Gewühl, und fahren Sie weiter bis zum nur wenige Hundert Meter entfernten Dammtorbahnhof, an dem jeder Fernzug, der weiterfährt, hält.

Sie werden belohnt. Kaum setzt sich der Zug wieder in Bewegung, überquert er die Alster. Links die Fontäne vorm Jungfernstieg, rechts der Blick auf viele kleine Segel. Hach, wie schön. Vom Dammtorbahnhof erreicht man in drei Minuten zu Fuß die U-Bahn-Station Stephansplatz, zudem fährt ab hier der Metrobus Nr. 5. Karl Dall und Justus Frantz nehmen hier ein Taxi. Hellmuth Karasek hat das auch immer so gemacht.

Mit dem Auto

Die spektakulärste Route ist die auf der A7, wenn man auf ihr nachts von Süden kommt. Sie schlägt auch die Anfahrt mit der Bahn. Von den Harburger Bergen geht es hinab in ein Lichtermeer des Hafens. Endlose Gleisanlagen zur linken, die riesigen Verladekräne in Altenwerder zur rechten Seite, dazwischen, ein wenig beleuchtet, die St.-Gertrud-Kirche, die heute ganz allein dasteht. Jedes andere Gebäude dieses nicht mehr vorhandenen Fischerdorfes wurde für die Container abgerissen.

Dann lenken zur linken Eurogate und Burchardkai vom Verkehr ab. Auch nachts schwebt die Ladung durch die Luft, fällt der Blick auf grell beleuchtete Containerriesen. Doch an dieser Stelle buhlt auch auf der rechten Seite eine lange Lichterkette um Aufmerksamkeit. Es sind die Straßenlaternen der Köhlbrandbrücke. Ihr lichter Bogen führt zu den beiden Stahlpylonen, die 135 Meter in den Himmel ragen. Entlang der Autobahn rücken die gestapelten Containertürme immer näher an die Fahrbahn bis es zwischen ihnen hinunter in den Elbtunnel geht. Ein schöneres Entrée nach Hamburg gibt es nicht. Tagsüber hat man hier viel Zeit, alles anzuschauen, denn es ist fast immer Stau.

Dieses Kapitel
gelesen von Sebastian Schnoy

Hamburg –
das bessere London

»**W**eißt Du, Hamburg ist einfach das bessere London«, sagte der Mann, der bei IKEA in Schnelsen die Hotdogs vorbereitete. Er sagte es zu seinem Kollegen. Ich hätte gern erfahren, was das genau für ihn heißt, aber der Platz in der Schlange vor einem Hotdog-Stand ist nicht dafür da, ein Gespräch anzufangen und noch dazu wenig britisch höflich. Denn der Mann hat wirklich recht. Hamburg ist tatsächlich die britischste Stadt in Deutschland, auch wenn einem der Superlativ »britischste« nur schwer über die Lippen kommt.

Bester Beweis dafür, wie britisch Hamburg ist: In Hamburg gibt es Derbys und Trabrennen, und rund um die Stadt wird viel geritten. Allerdings haben die Hamburger ihre Pferdeliebe nie so auf die Spitze getrieben wie die Windsors. Prinz Charles hat in zweiter Ehe sogar ein Pferd geheiratet. Und es gibt wirklich einen Poloclub in Hamburg Klein Flottbek – und zwar seit 1898. Dort wird neben Poloturnieren einmal im Jahr das British-Flair-Festival ausgerichtet. Man könnte es auch das »Ben Hur der Barbour Jacken« nennen. Hier gibt es alles, was man in einer verregneten Klimazone braucht: Schirme, Wachsjacken, Gummistiefel, starken Tee. Und Speisen, die einem Kulturraum entspringen, in dessen kalter Umgebung nichts Leckeres auf den Feldern wächst: bröckelige Kekse, Scones with clotted Cream, Black Pudding und Orangenmarmelade, für die die Orangen natürlich importiert werden müssen. Mit ein bisschen Glück regnet es am Tag des British-Flair-Festivals, und dann klingt der Dudelsackspieler noch authentischer. Wissen Sie eigentlich, warum Dudelsackspieler beim Musizieren immer hin und her gehen? Weil man bewegliche Ziele schwerer trifft.

Auch das berühmte Understatement, also die bewusste Zurückhaltung und Untertreibung, ließ sich schon früh in Hamburg entdecken. Als Konrad Adenauer einst den Hamburger Bürgermeister Max Brauer besuchte, fuhr er mit ihm ganz volksnah in der Straßenbahn durch die Stadt und war als Rheinländer überrascht, dass ihn niemand ansprach. Die Fahrgäste schauten nur kurz zu ihm und dann wieder aus dem Fenster. In Köln ist man es gewohnt, dass sich Leute ständig unterhaken oder ihren Arm um einen legen, mindestens auf den Rücken klopfen. Adenauer hielt diese stille Spannung nicht aus und sagte schließlich zu einer Dame: »Sie wissen schon, dass ich der Bundeskanzler bin.« Und sie antwortete: »Ja, sicher, das hab ich gesehn, aber deshalb wollte ich ja nicht ßtörn.« Das spitze »s« ist heute fast ausgestorben.

Übrigens zeigt gerade die enge Verwandtschaft von Englisch und Plattdütsch, wie britisch Hamburg ist, um nicht zu sagen, wie hamburgisch Großbritannien ist. Denn vieles, was als Englisch gilt, kommt eigentlich aus Hamburg und seiner norddeutschen Umgebung. Wer Englisch studiert, studiert Anglistik. Die Sprache

Hamburg ist die britischste Stadt Deutschlands, das weiß man nicht nur im Polo Club in Klein Flottbek.

ist ein Export von Angeln und Sachsen. Erstere wohnten einst auf der Kimbrischen Halbinsel. Auf dieser Kimbrischen Halbinsel lesen Sie vielleicht dieses Buch, denn sie beginnt am nördlichen Elbufer, also an den Landungsbrücken, und reicht bis zum dänischen Nordkap in Skagen. Das wissen wir nur, weil damals Römer auch den Norden vermessen ließen. Wahrscheinlich wanderten sie immer weiter nach Norden und fragten am Ufer der Schlei zwei Männer: »Einheimische, wie nennt ihr euch?« Woraufhin die zurückriefen: »Wir angeln!« Anders kann ich mir das nicht erklären. Diese Angeln sind irgendwann nach England ausgewandert. Lange war nicht klar, wie, da unsere Vorfahren hier im Norden zu blöd waren, Boote zu bauen – die Wikinger ausgenommen. Aber Germanen, und vor allem diese Angeln, hatten keine Boote. Also wie kamen sie auf die Insel?

Blankenese – hier werden selbst Hunde zweisprachig erzogen.

Als ich diese Frage einmal einem besonders jungen Publikum stellte, rief ein Teenager: »Durch den Eurotunnel!« Inzwischen ist klar, dass es bis vor 10.000 Jahren noch eine Landverbindung gab, über die konnte man nach England laufen. Und als die Einwanderer zum ersten Mal nüchtern waren und merkten, dass es viel zu viel regnete, war der Kanal schon voll und eine Umkehr nicht mehr möglich. Wie hamburgisch die englische Sprache ist, wurde mir klar, als ich einmal einen Barkassenkapitän an den Landungsbrücken diesen Satz sagen hörte:

> Ick mut immer en beten Water unnerm Kiel heven,
> also:
> Ich muss immer ein bisschen Wasser unter dem Kiel haben.

Das ist wirklich fast Englisch:

> Ick mut immer en beten Water unnerm Kiel heven.
> I must … a bit Water under keel have.

Gerade ältere Damen in Hamburg sagen gerne mal: »Och wie schade, Plattdütsch stirbt aus.« Dabei ist das Gegenteil der Fall. Plattdeutsch hat die Welt erobert. 520 Millionen Menschen in der englischsprachigen Welt müssen jeden Tag platt snacken. Kennedys Satz »Ick bin een Berliner« ist bis auf die Stadt Platt.

Was die Sachsen betrifft, die das Angelsächsische geprägt haben, sind zum Glück nicht die Sachsen gemeint, die wir heute kennen. Sonst hätte Obama nicht gesagt »Yes we can!«, sondern »No

sischor griegen wir das hin«. Nein, die nach England ausgewanderten Sachsen sind die nördlichsten Sachsen, die es gibt, damals Altsachsen genannt, heute Niedersachsen. Ein Großteil Niedersachsens gehört zur sogenannten Metropolregion Hamburg. Eine von der Handelskammer großzügig definierte Boomregion, die auch Orte umfasst, die man nur auf Landstraßen erreicht, auf denen man über eine Stunde lang an keiner Ampel mehr vorbeikommt. Ich kenne mich mit den Steppen und Sümpfen südlich von Hamburg gut aus, weil meine Schwester von einem Niedersachsen festgehalten wird. Und ich kenne deshalb auch die typische Tracht der Niedersachsen, die Niedertracht.

Ein weiterer Import Englands aus Hamburgs Umgebung ist das englische Nationalheiligtum Stonehenge, ein großer Steinkreis im Südwesten des Landes. Er erinnert in seiner Bauart – senkrechte Quader, darauf waagerechte Quader – an norddeutsche Hünengräber, und die sind genauso sinnlos. Indes wird und wurde in Großbritannien manche Theorie bemüht, um dem Steinkreis einen Sinn zu geben. Wahrscheinlich sei er eine Sonnenuhr der englischen Steinzeitkönige. Als ich das zum ersten Mal hörte, dachte ich: »Bei aller Fantasie: Eine Sonnenuhr in England? Die zeigt die Uhrzeit aber auch nur sehr vage an.« Die enge Verwandtschaft von Hamburg und England zeigt auch ein angelsächsisches Sprichwort, das ebenso für die Stadt an der Elbe gelten könnte: »Englisches Wetter, englisches Essen und englische Frauen sind die Grundlage einer großen Seefahrernation.«

Very british sind auch viele Hotelfoyers in Hamburg, die sich zudem wunderbar dazu eignen, jemanden zu treffen oder sich einfach mal alleine auf ein Chesterfild-Sofa plumpsen zu lassen, wenn man erschöpft vom Shoppen ist.

Britisches in Hamburg

▧ Hotel Vier Jahreszeiten

In der Innenstadt rund um die Binnenalster ist es geradezu frappierend, wie der Stress des Verkehrs und Shoppingalarms von einem abfällt, wenn man kurz in die Lobby des Vier Jahreszeiten flieht. Hier gibt es ein schönes Kaminfeuer und bequeme Sessel, und auf Wunsch wird von 14 bis 18 Uhr ein Queen Victoria Afternoon Tea serviert. Mit dabei die unvermeidlichen Scones with clotted Cream (hier Rharbarber-Scones), ungetoastetes Toast mit Roastbeef, dazu Tee im Silberkännchen. Für 49 Euro pro Nase ist dies allerdings ein etwas teurer Spaß.

Neuer Jungfernstieg 9 · 20354 Hamburg

▧ Hotel Reichshof

Später am Tag ist auch die Lobby des frisch restaurierten Hotels Reichshof gleich neben dem Schauspielhaus am Hauptbahnhof eine schöne Adresse für einen Absacker. Hinten rechts in der Lobby geht es in die seit 1910 bestehende Hotelbar: klein, voller Clubsessel, mit langer Bar und einem Flügel, der leider nur samstags bespielt wird.

Kirchenallee 34 (direkt am Hauptbahnhof, nur die DB-Lounge ist noch dichter am Gleis) · 20099 Hamburg

▧ Hamburger Polo Club e.V.

Die Club-Chukker werden auf den Trainingsplätzen in der nahe gelegenen Osdorfer Feldmark (Am Osdorfer Born) gespielt: Dienstag – Mittwoch – Donnerstag – Samstag – Sonntag

Jenischstraße 26 · 22609 Hamburg · hamburger-polo-club.de

Dieses Kapitel
gelesen von Sebastian Schnoy

Hanseatischer Kaufmannsadel

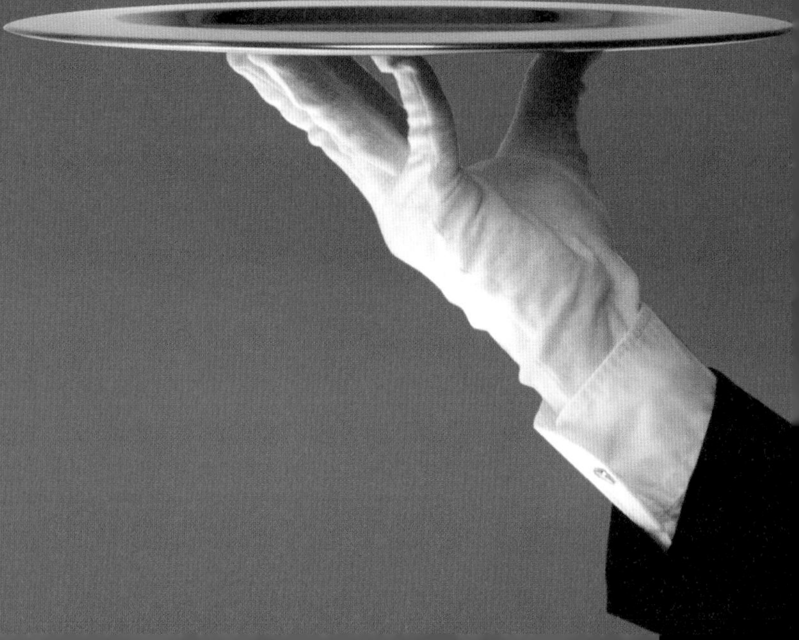

Eigentlich hat sich Hamburg als Freie Bürgerstadt lange Zeit vom Adel entschieden abgegrenzt. Adelige, so wurde schon 1276 beschlossen, dürfen in Hamburg keinen Grund erwerben. Das war natürlich lange vor Klaus von Dohnanyi und Ole von Beust. Allerdings lebten und leben Kaufleute in Hamburg derart fürstlich, dass verarmter Landadel nur vor Neid erblassen konnte. »The cream always goes to the top«, besagt ein bekanntes Sprichwort, und man kann die Gesellschaft tatsächlich noch so lange durchrühren, kaum zieht man den Löffel raus, bildet sich oben eine Creme. Und da, wo sonst in Deutschland der Adel die Creme darstellte, waren es in Hamburg die Kaufleute. Um sich davon einmal ein Bild zu machen, empfehle ich einen Ausflug in den Jenischpark (mit der HADAG-Fähre bis Teufelsbrück). Auf dem kleinen Anleger der Fähre gibt es übrigens etwas, was auf keinem einzigen Ponton der langen Landungsbrücken zu finden ist: ein schönes Restaurant, Engel genannt, mit feinen Speisen an schönen Tischen, aber auch gehobenen Preisen.

Hier im Jenischpark erinnert nicht nur der Namensgeber an königliche Familien: Senator Martin Johann Jenisch der Jüngere. Und wie hieß sein Vater? Raten Sie, es wird richtig sein. Genau: Martin Johann Jenisch der Ältere. Wenn das nicht hanseatischer Adel ist. Dieser Jüngere also ließ sich hier ein Haus bauen – groß, herrschaftlich, klassizistisch. Allein die Auffahrt von dem verfallenen Tor beim Gesindehaus unten an der Elbchaussee hinauf zur Villa muss mehrere Minuten über knirschenden Kies geführt haben. Es ist zwar heute längst unbewohnt und für den Plebs, also die gemeinen Leute, geöffnet, muss aber noch als Drehort für billige ZDF-Schmonzetten herhalten, wenn mal das Haus einer reichen Familie gezeigt werden soll. Dann stellt jemand edle Gartenmöbel auf den Rasen vor die Südseite, und während eines Dialogs muss ein Statist als Diener mit einem Tablett die Treppe herabkommen und einen Kaffee servieren. Wenn Sie zur richtigen Zeit hier sind, können Sie außerdem einen besonders intensiven Hamburg-Moment genießen: den Anflug eines riesigen Transportflugzeuges namens A300-600ST, das ob seiner Form und Größe auch Beluga genannt wird. Erst vernehmen Sie ein unglaubliches Rauschen, dann verdunkelt sich der Himmel, das Monstrum scheint im Sink-flug noch die Wipfel der Kastanien zu touchieren, bevor es dann auf der anderen Elbseite auf dem Airbusgelände landet – das Gan-ze mehrmals täglich.

Aber zurück zum Adel. Was die ablehnende Haltung dem Adels-stand gegenüber angeht, so wurde man mit der Zeit nachlässig. Ausgerechnet im Rathaus der stolzen Bürgerstadt gibt es heute einen Kaisersaal, und schließlich wählten die Hamburger mit Ole von Beust einen Freiherrn zum Ersten Bürgermeister. In sei-ner Amtszeit wurde öffentliches Eigentum in Privateigentum zurückverwandelt, die Elektrizitätswerke ebenso verkauft wie Teile des Hafens und Krankenhäuser. Das konnte natürlich ein Carl-Friedrich Arp Ole Freiherr von Beust noch besser machen als ein einfacher Sozi.

Und sollte das ZDF gerade mal wieder im Jenisch-Haus drehen, ist ein Tässchen Kaffee mit Sky Dumont nur fünf Minuten vom Jenisch-Haus entfernt: im Restaurant Engel auf dem Fähranleger Teufelsbrück, mit gehobener norddeutsch-mediterraner Küche und Sonntagsbrunch.

■ **Restaurant Engel**
Fähranleger Teufelsbrück (HADAG-Fähre ab Landungsbrücken)
22609 Hamburg · Telefon: 040-824187

Die Sierichstraße zwischen Winterhude und Hohenfelde ist die einzige Einbahnstraße Europas, die mal in die eine, mal nur in die andere Richtung befahrbar ist.

Von 4 Uhr morgens bis 12 Uhr mittags kann man über sie, von Norden kom-
mend, zur Alster vorstoßen. Kilometer für Kilometer rauscht man unter alten Laub-
bäumen durch den feinsten Teil von Uhlenhorst dem Zentrum entgegen. Dann
werden von einer Sekunde auf die andere sämtliche Schilder von »weißer Balken
auf rotem Grund« auf »weißer Pfeil auf blauem Grund« umgestellt, und man darf
die Sierichstraße als Ausfallstraße benutzen, bis mitten in der Nacht alles wieder
rückgängig gemacht wird.

Da man auf der Sierichstraße geraume Zeit unterwegs ist, frage ich mich immer,
was mit jenen passiert, die mittags stadteinwärts oder nachts um 4 Uhr stadtaus-
wärts auf ihr unterwegs sind und den Moment, in dem die Schilder umgestellt
werden, während der Fahrt erleben... Die Hamburger nehmen's britisch gelassen.

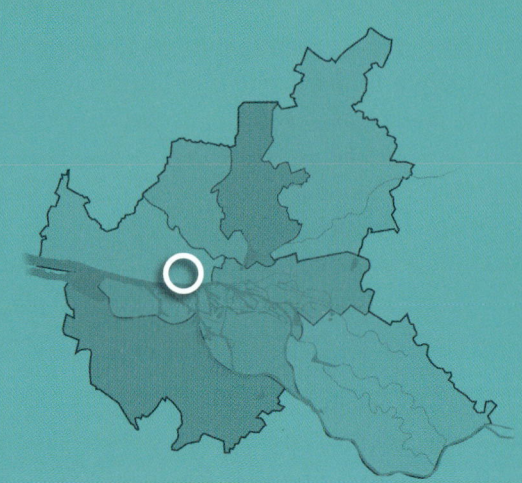

Welches Cabrio
für die Elbchaussee?

Wussten Sie, dass es im Hamburger Westen die höchste Cabriodichte Deutschlands gibt? Das ist ungefähr so logisch, wie wenn es in Kairo die meisten Snowboards gäbe. Doch gerade der mäßige Hamburger Sommer eignet sich besser für das verdeckfreie Fahren als jener in heißen Ländern. Ich gebe zu, ich hatte auch schon mal eines. Nur als Cabrio-Purist weiß man, was Tauben in der Unterführung am Altonaer Bahnhof machen, wie heiß eine Totalsperrung auf der A7 im August werden kann und wie laut es im Elbtunnel wirklich ist. Vor allem ein Sommergewitter – und im Norden endet jede Reihe von drei warmen Tagen in einem Gewitter – ist im Cabrio besonders aufregend: mit einem selbst als Blitzableiter! Auch ein goldener Herbst mit Kastanien, die einem aus hohen Bäumen samt stacheliger Schale direkt auf den Kopf fallen, hat seinen Reiz.

Wer es sich leisten kann, macht sich mit einem Mercedes SL 190 auf den Weg in die Elbchaussee.

Spätestens bei Ihrem obligatorischen Spaziergang am Elbufer werden Sie irgendwann hinaufsteigen zur Elbchaussee und eine endlose Abfolge der schönsten Modelle sehen. Die Antwort auf die Frage, in welches Cabrio Sie sich gerne setzen würden, verrät viel über Sie. Also machen Sie doch einfach diesen Test, um sich besser kennenzulernen: Mit welchem Cabrio würden Sie gerne mal nach Blankenese fahren?

Mazda MX-5

Sie lieben es direkt und unverfälscht und kommen schnell zum Thema. Deshalb brauchen Sie auch kein Dach, das sich in 30 Sekunden elektrisch öffnet, denn Ihres schnellt per Handgriff in einer Sekunde auf! Höflichkeiten sind nicht Ihr Ding. Eine Ihrer hintergründigsten Fragen lautet: »Wer hat hier eigentlich wen flachgelegt?« Der Mazda MX-5 kratzt genauso schnell die Kurve wie Sie und ist Ihr idealer Partner, schließlich teilen sie das Motto: »Vorfahrt hat, wer schneller ist.«

Kurz: Wenn Ihr Nagelstudio gut läuft, ist der Mazda erste Wahl.

Peugeot 207CC

Sie sind bei Männern genauso wählerisch wie bei Autos: Beide müssen alles gleichzeitig können. Verspielt, aber auch ernsthaft sein; großzügig, aber nicht verschwenderisch; mutig, aber nicht leichtsinnig, hüh, aber auch hott. Ihr Motto »Morgen wird alles besser« lässt Sie jede Woche schauen, was es Neues bei Tchibo gibt. Der 207CC ist ideal für alle, die sich nicht entscheiden können. Ein Cabrio mit festem Dach, auf Wunsch mit Klimaanlage. Es kann nichts richtig, aber alles zusammen ganz passabel und ist eher »Sex in the village« als »Sex in the city«.

Kurz: Die Fahrt ins Büro ist Ihr einziger Ausflug?
Mit dem Peugeot fährt sich's wie zum Strand.

Mini Cooper

Sie sind einzigartig, individuell und den praktischen E-Klasse-
-Kombi fährt schon Ihr Mann. Sie gehen Ihren eigenen Weg – in
der 5-Zimmer-Wohnung über Zedernparkett aus der Toskana, be-
ruflich über den Teppich der Vorstandsetage und würden gerne
mehr lesen, aber Sie haben ja so wenig Zeit. Der Mini Cooper ist
Ausdruck Ihres unverwechselbaren Lebensgefühls, wie gemein,
dass allein in Ihrer Straße in Eppendorf rund zwanzig andere
Damen auch genau diese Einmaligkeit spüren und den Mini auch
noch in British Racing Green gekauft haben.

Kurz: Sie erziehen Ihre Kinder zweisprachig?
Hannah und Jakob werden die Rückbank lieben.

Porsche 911

Ja, Geld macht sexy, allerdings nur, bis Sie auf der Zubehörliste die Nackenheizung ankreuzen. Es hat einige Jahre gedauert, bis es bei Ihnen flutschte, aber nun ist das Geld da und Sie sind noch nicht zu alt, um aus einer tiefen Sitzposition aufzustehen.

Kurz: Wer ihn sich leisten kann, kauft ihn.

Wiesmann

Sie sind Chefarzt einer angesagten Fertility-Klinik. Selbst Ihre Hobbys wie die Traberzucht spülen noch Geld in die Tasche. Die größte Investition der letzten Jahre war Ihre Scheidung – Zeit auszuspannen. Sie sind Stammgast beim British-Flair-Festival? Dort wäre Ihr Auftritt mit dem Porsche viel zu ordinär.

Kurz: Wer alles absetzen kann, ist bei Wiesmann richtig.

Chrysler Sebring

Ihr Wohnzimmer ist weiß gefliest, das Riesensofa aus Lackleder, daneben ein Cola-Automat aus den Fünfzigern. Timmendorf ist für Sie so mondän wie die Côte d'Azur? Nichts wie eingestiegen, aber Achtung: Draußen gibt's nur Kännchen! Ist doch toll, was im Alter dank Viagra noch alles möglich ist.

Kurz: Wer den Komfort eines Fernsehsessels sucht und die sportlichen Eigenschaften eines Fernsehsessels okay findet, ist hier richtig.

Ford Escort

Sie haben es geschafft. Diese Wahl ist ein echter Hingucker. Ist es nicht am männlichsten, wenn es einem schnuppe ist, was andere denken? Wenn Sie vor Ihrer Villa in Nienstedten parken, bricht keiner ein, denn Einbrecher denken, ihre eigenen Kollegen seien schon da!

Kurz: Wer niemand etwas beweisen muss, kann sich einfach entspannen.

Übrigens:

Eine Vespa schlägt alle Cabrios. Ob Stil oder Sexappeal, nirgends weht das Haar verführerischer, gluckert der Motor bezaubernder, außerdem wird nur hier die Pilotin die ganze Zeit vom Mitfahrer sanft umarmt. Und kommt doch mal der Sommerregen, muss man halt unter der nächsten Brücke knutschen. Was will man mehr?

Hamburgs eingebildete Vögel

Wie gut es Hamburg geht, sieht man daran, dass die Stadt die Abteilung Schwanenwesen unterhält. Zu jener gehört der hauptamtliche Schwanenvater Olaf Nieß, der schon seit mehr als 25 Jahren diesen Posten bekleidet. Bereits im 17. Jahrhundert wurden die Alsterschwäne von Hamburgs Rat unter besonderen Schutz gestellt, und der erste städtisch besoldete Schwanenvater trat seinen Dienst im Jahr 1818 an. Seither ist es hier verboten, die Schwäne »zu beleidigen, zu verletzen oder gar zu töten«.

Hamburg-Quiz Teil 1 (Schwierigkeit leicht):

Welchen städtischen Posten gibt es in Hamburg?

A: Taubenschwester

B: Hundebruder

C: Seehundmutter

D: Schwanenvater

Der wichtigste Tag in der Abteilung Schwanenwesen wird von der ganzen Stadt mit einer Aufmerksamkeit bedacht, wie man sie sonst nur anlässlich der Feierlichkeiten zu bedeutenden nationalen Gedenktagen kennt: also etwa zum 14. Juli in Frankreich (Sturm auf die Bastille) oder zum 4. Juli in den USA (Unabhängigkeitstag). In Hamburg ist dieser Nationalfeiertag, der Tag, »an dem die Schwäne der Alster in ihr Winterquartier gehen«. Kein Mensch interessiert sich dafür, wann die Igel, Kaninchen oder Tauben des Rathausplatzes in ihr Winterquartier gehen. Ebenso wenig wird der Tag gefeiert, an dem Sebastian Schnoy die Daunendecke aus dem Keller holt und mit einer besonders warmen Winterbettwäsche bezieht. Aber wenn dieser eingebildete Fatzke von Federvogel sein Winterquartier aufsucht, sind die gesamte Stadtpresse und alle TV-Stationen am Ufer versammelt. Ein Medientreck, der einigen Booten folgt, die nach und nach die Schwäne einsammeln und zum Eppendorfer Mühlenteich bringen.

Im Gegensatz zu Neujahrsansprachen von Bundeskanzlern würde hier wirklich niemand merken, sendete man einfach die Bilder vom letzten Jahr noch mal. Im Eppendorfer Mühlenteich werden die Schwäne bis zum nächsten Frühling in einem beheizten Gewässer verwöhnt, koste es, was es wolle. Die Schwäne können hier relaxen, werden mit Delikatessen gefüttert und schauen sich Froschvideos an. Ein irrer Aufwand für einen Vogel, dessen Hauptaufgabe darin besteht, im Sommer Kajakfahrer zu versenken.

Warum macht man es nicht wie in Weißrussland? Dort werden im Winter die Schwäne an verarmte Rentnerinnen verfüttert. Die Alsterschwäne, gestärkt durch das Winterwellnessprogramm, haben wirklich schon so manchen Paddler in Angst und Schrecken versetzt. Die aggressivsten Schwäne müssen zur Strafe einen Sommer im Maschsee in Hannover verbringen.

Unterdessen gibt es Gerüchte, die Stadt habe einen Versuch gestartet, bei dem 10 Prozent der neuen Schwäne künstliche Exemplare sein sollen. Die praktischen, von Toyota entwickelten Plastikschwäne surren mit einem 12-Volt-Akku durch das Wasser. Sie sind günstiger, garantiert vogelgrippefrei und für Paddler nicht so gefährlich wie echte Schwäne. Und zudem leicht von den echten zu unterscheiden: Schwimmen sie friedlich vorbei, sind sie künstlich, flattern sie auf Sie zu und beißen, sind es Bioschwäne.

Dieses Kapitel
gelesen von Sebastian Schnoy

Eingebildet, ignorant und gefährlich: der Alsterschwan.
Hobby: Kajakfahrer versenken.

Hamburg liegt am Meer!

Hamburg liegt tatsächlich am Meer. Die Elbe verhält sich nämlich schon im Hafen eher wie ein Meer. So fürchtet man sich in Dresden vorm Hochwasser, in Hamburg vor der Sturmflut. Was Dresden, Hitzacker und Lauenburg unter Wasser setzt, für Katastrophenstimmung sorgt und es damit in die Tagesschau schafft, ist ab Hamburg kein Thema mehr. Denn die Wassermassen, die stromaufwärts eben noch die Altstädte absaufen ließen, verteilen sich hier sang- und klanglos in den Weiten unzähliger Hafenbecken.

Zudem verbreitert sich die Elbe in Hamburg von dreihundert Metern auf über einen Kilometer. Hier wirken andere Kräfte. Ebbe und Flut drücken und ziehen derart, dass auch an den Landungsbrücken das Wasser innerhalb von sechs Stunden um rund dreieinhalb Meter steigt, um in den folgenden sechs Stunden wieder

»Und wenn wir abends auf den wiegenden Pontons stehen in den grauen Tagen – dann sagen wir: Elbe! Und meinen: Leben! Wir meinen: Ich und du.«

Wolfgang Borchert

um dreieinhalb Meter zu fallen. In diesem Rhythmus heben und senken sich auch die Landungsbrücken mit ihren Restaurants. Die Strömung wird bei auflaufendem Wasser komplett gestoppt oder sogar umgedreht.

So müssen vor allem Kajakfahrer den Tidenkalender auswendig lernen. Eine halbe Stunde ist alles verdächtig still, dann lässt es sich nicht mehr flussabwärts paddeln. Bei ablaufendem Wasser bekommt die Strömung der Elbe dagegen ein atemberaubendes

Tempo. Als einmal Paddler elbabwärts unterwegs waren und einem im Strom vertäuten Schiff ausweichen wollten, setzten sie das Manöver etwas zu spät an. Die Strömung drückte sie gegen die Bordwand und zog sie schließlich unter dem Schiff hindurch, was sie nicht überlebten.

Mit der Flut kommen dann die großen Frachtschiffe wie an einer Perlenschnur aufgereiht die Elbe hinauf, nur dann ist das Wasser für sie tief genug. Deshalb sollte man auch für die Flasche Astra am Övelgönner Strand den Tidenkalender draufhaben, damit man auch ordentlich Schiffe gucken kann. Auch bei der Parkplatzsuche sollten Sie lieber die Gezeiten beachten. Läuft es gerade auf oder ab? Auf dem tiefer gelegenen Parkplatz in Övelgönne, aber auch an der Fischauktionshalle locken nämlich ausgerechnet im gefährlichsten Moment viele schöne freie Plätze. Haben wir dann noch Voll- oder Neumond, wird aus der Flut eine Springflut, und Ihr Auto treibt fröhlich ab in Richtung Nordsee. Ich merke, ich muss Ihnen noch einiges erklären.

Wenn Ihr Auto schon weggeschwommen ist, gehen Sie auch aufs Wasser und nehmen die HADAG-Fähre ab Landungsbrücken. Die hält direkt am Anleger Övelgönne. Hier liegt ein alter HADAG-Dampfer als Restaurantschiff. So sahen die Linienfähren im Hafen früher aus. Die Bänke haben knallrote Kunstlederbezüge, dazwischen Resopaltische, und alles ist mit viel dunklem Holz getäfelt. Allerdings sind zu viele Gäste der Meinung, sie müssten unbedingt Bratfisch bestellen, entsprechend schwer ist hier manchmal die Luft.

■ **Restaurantschiff Bergedorf**
am Ponton Neumühlen
22763 Hamburg · Telefon an Bord: 040-397383
museumshafencafe@web.de

Schanze –

das Märchen von der Gentrifizierung

Das Schanzenviertel ist das Hamburger Gentrifzierungs-viertel Nummer eins. Ich hoffe, Sie lesen dieses Kapitel bei einem Galao auf dem Schulterblatt, denn dort befinden Sie sich quasi im Auge eines Orkans. Nur deshalb ist es so gemütlich. Um Sie herum tobt der Sturm der Gentrifizierung.

Die Debatte darüber ist eine der absurdesten, die ich persönlich kenne. Gemeinhin wird gegen die Aufwertung eines Viertels pro-testiert, bei der Mieten erhöht und damit alteingesessene Einwoh-ner vertrieben werden, weil sie sich diese nicht mehr leisten kön-nen. Im Visier hat man die üblichen Verdächti-gen: Investoren und rei-che Leute, die zuziehen und deshalb böse sind, quasi ein »äußerer« Feind. Es war schon im-mer gut für den Kampf, wenn der Feind klar identifiziert ist.

»Die Gleichberechtigung, der Feminismus sind erst dann vollendet, wenn auch mal eine total unfähige Frau in eine verantwortungsvolle Position aufrückt.«

Heidi Kabel

Dabei wird völlig un-terschlagen, dass die Hauptschuldigen an einer Gentrifizierung ganz andere Leute sind, nämlich Studenten und Künstler. Wenn es eine Gesetzmä-ßigkeit in der Stadtentwicklung gibt, dann diese: Wo Studenten und Künstler hinziehen, folgen irgendwann auch Starbucks, Vapi-ano und Vodafone-Shop. Aber machen wir den linken Traum ein-mal wahr und beamen Sie mit Ihrem Kaffee Galao zurück in das Jahr 1980, als die Wandlung des Viertels ihren Anfang nahm: Es waren aus heutiger Sicht paradiesische Zustände. Für eine große Wohnung mit 90 Quadratmetern zahlte man gerade mal 150 Euro. Dafür war sie allerdings nicht geheizt, wenn man vom holzbefeuerten Küchenofen absieht, und hatte keine Toilette. Die lag auf dem Zwischengeschoss, und man teilte sie sich mit Nachbarn. Der riesige Schlachthof, der das halbe Viertel ausmachte, schwängerte die Luft mit strengen Gerüchen, nur noch übertüncht von den Wolken, die aus einer nahen Ketchup-Fabrik zogen.

Renovierung oder Gentrifizierung?

Viele Wohnungen waren verlassen, weil dies kein Ort war, an dem man sein wollte. Der größte Teil der Arbeiter und Hafenarbeiter, der hier bis dahin gewohnt hatte, war inzwischen freudig in eine Sozialwohnung in eines jener Neubaugebiete in Osdorf oder Steilshoop umgezogen. Sie erscheinen uns heute wenig wohnlich, bedeuteten damals aber mit trockenen Räumen, Zentralheizung und warmem Wasser eine wirkliche Verbesserung. Schließlich kamen die ersten türkischen Einwanderer in die kalten, zugigen Wohnungen des Schanzenviertels. Mangels Geld blieb ihnen keine andere Wahl. Auch sie sind innerhalb von 30 Jahren aus dem Paradies vertrieben worden, wenn man dem Märchen von der Gentrifizierung glaubt. Mein Eindruck ist eher, dass die ersten türkischen Neu-Hamburger mit ihren Gemüseläden und Restaurants das Viertel leckerer gemacht haben, aber die Kinder und Enkel dieser Familien inzwischen so erfolgreiche Hamburger geworden sind, dass sie dank besserer Jobs längst in Häuser in ruhigeren Wohnvierteln umgezogen sind, in denen ihre Kinder im eigenen Garten spielen können. Mit und nach den Einwanderern aus der Türkei kamen die Studenten und die blieben einfach da.

Davon hat sich das Viertel bis heute nicht erholt. Sie schufen mit ihren Cafés, ihrer Street-Art, Hunderten von Fahrrädern, Graffiti und Kultur genau das bunte Umfeld, das die Mieten nach oben schnellen ließ. Wenn heute sündhaft teure Eigentumswohnungen im Schanzenviertel zum Verkauf angeboten werden, dann gerne mit Fotos dieses bunten Umfelds: vom Eingang der Roten Flora, Bauwagenplätzen und improvisierten Bars.

Mit solchen Fotos begründen Immobilienmakler Höchstpreise.

Viertel, die zwar Einwanderer, aber keine Studenten kennen wie Billstedt im Osten der Stadt, in dem ich aufgewachsen bin, warten bis heute sehnlichst auf eine Gentrifizierung. Aber, wie gesagt, ohne Studenten läuft das nicht. Die dritte Vertreibungslüge betrifft die Studenten selbst. Es stimmt, wer heute zum Studieren kommt, kann sich kaum mehr ein WG-Zimmer in der Schanze leisten. Aber die einstigen Studenten, sind ja auch keine Studenten mehr, sondern berufstätige Erwachsene. Einige haben sich in andere Stadtteile verbessert, andere sitzen bräsig auf einem alten Mietvertrag und wohnen heute nicht mehr zu viert, sondern allein in einer großen Wohnung in der Schanzenstraße. Ein eigener Raum für die Yogamatte ist halt schöner.

Natürlich können heute neue Einwanderer, die nach Hamburg kommen aus Armuts- oder Bürgerkriegsländern keine Wohnung im Schanzenviertel beziehen, aber welcher mittellose Flüchtling würde erwarten, an seinem neuen Wohnort in einem bisher unbekannten Land in das teuerste Viertel zu ziehen? Die wenigsten, die den Wandel des Schanzenviertels anprangern, haben die ganze Entwicklung seit der Besiedlung dieser Scholle mitbekommen. Normalerweise ist es so: Nehmen wir mal eine Frau, die Kordula heißt. Sie zieht ins Schanzenviertel und registriert erst ab ihrem eigenen Erscheinen, was sich verändert. Setzt also am Tag ihres Zuzugs einen höchst subjektiven Status quo ihrer Umgebung und registriert fortan jede Veränderung, die dem Viertel von Menschen zugefügt wird, die nach ihr kamen.

Wer nach einem selbst kommt, ist immer böse. Denselben Effekt erleben wir, wenn wir in den Zug steigen. Wer in ein Abteil möchte, trifft auf eine kleine Gesellschaft, die nicht gerade einladend guckt, und man kann sich nur mit einem etwas gewaltsamen Aufreißen der Tür und dem Satz »Ist der Platz mit der Tasche darauf noch frei?« Zugang verschaffen. Doch kaum sitzt man selbst dort, wird man zum verschworenen Mitglied dieser Gesellschaft und unternimmt alles, um neue Reisende davon abzuhalten, Teil von ihr zu werden. Das Ganze geschieht immer unbewusst.

So auch bei unserer Kordula. Sie ist Architektin, die in eine Eigentumswohnung im Schanzenviertel gezogen ist und einer Journalistin des Hamburger Abendblatts ein Interview gab, in dem sie sich über die Gentrifizierung beschwerte. Dabei saß sie, was die Journalistin – wohl den Widerspruch sehend – notierte, in einer

Kaum zu glauben: 1980 wollte hier niemand freiwillig wohnen.

weitläufigen Wohnung voller Designermöbel auf einem sogenannten Barcelona-Sessel.

»Der Strukturwandel ist deutlich spürbar«, sagte die Architektin,
und in meinem Kopf schrie es: Du bist der Strukturwandel! Allein
der Stuhl, auf dem sie saß, 1929 von Mies van der Rohe für die
Weltausstellung in Barcelona entworfen, kostet 5239 Euro. Den
passenden Schemel, um die Füße hochzulegen, gibt es für 3000
Euro dazu. Auf diesem Thron der Globalisierungsgewinner klag-
te die Architektin: »Viele alteingesessene Antiquariate, Schuster
und Lebensmittelläden hätten Platz machen müssen für die ewig
gleichen Ketten.«

Weiß sie nicht oder will sie nicht wissen, frage ich mich, dass allein
für den Neubau ihrer eigenen Eigentümergemeinschaft auf einer
Fläche von 5000 Quadratmetern an der Max-Brauer-Allee mehrere alteingesessene Läden dichtmachen mussten? Hier waren es
kleine Kfz-Werkstätten und der stadtbekannte Kultclub Kir. Der
Club war hier fast 15 Jahre gut gelaufen und begab sich dann auf
einer Reise voller Umzüge, die er nicht überlebte. Aber das war ja
vor dem Zuzug der Architektin. Inzwischen beklagt ihre Eigentümergemeinschaft auch den Umstand, dass in nur knapp hundert
Meter Entfernung Züge vom Dammtor Richtung Altona fahren.
Sie tun das an dieser Stelle seit rund einhundertfünfzig Jahren.

Dieses Kapitel
gelesen von Sebastian Schnoy

Die Gentrifizierung der Schanze im Zeitraffer

Stellen wir uns die Kreuzung Susannenstraße/Juliusstraße vor, an jeder der vier Ecken ein Laden, darüber Wohnungen, alle sind exemplarisch für das ganze Viertel.

1960 An der Ecke gibt es gleich zwei Kneipen für Arbeiter aus dem Schlachthof, der Ketchup-Fabrik und dem Hafen. Dazu Feinkost Schmidt, bei dem es hauptsächlich Gemüse, aber auch Milch und die Bild-Zeitung zu kaufen gibt. In den Wohnungen darüber leben die Familien von Werner, der in der Ketchup-Fabrik von Hermann Laue arbeitet, Hans und Willy, die beide im Hafen Säcke wuchten, und Kurt, der im Schlachthof Rinder in zwei Hälften teilt. Sie haben jeder drei oder vier Kinder, und bei den Nachbarn ist es ebenso. Das Viertel ist erfüllt von Kindergeschrei, allesamt spielen sie in großen Trauben auf der Straße.

1970 Mit der Erfindung des Containers halbiert sich die Zahl der Hafenarbeiter. Die erste Kneipe an der Kreuzung macht 1977 dicht. Hans und Willy ziehen mit ihren Familien weg, der eine nach Steilshoop, der andere nach Billstedt. In den Plattenbauten haben beide zum ersten Mal eine eigene Toilette und Zentralheizung. Jetzt stehen in der Schanze Wohnungen leer. In den 70ern zieht es die meisten Familien an den Stadtrand. Man geht nicht auf den Kiez zum Feiern, sondern zum Nachbarn in Niendorf, der einen Partykeller hat.

1980 Schmidt macht seinen Gemüseladen dicht, er ist zu alt. Aus der letzten Arbeiterkneipe wird eine Arbeitslosenkneipe. Dann kommen die ersten Familien aus Anatolien und müssen mit den feuchten Wohnungen vorliebnehmen. Wo früher Schmidt Gemüse verkaufte, macht es nun Herr Ösgül. Dafür schließt der Schlachter, es gibt kaum noch Kunden, auch die Gewürz- und

Ketchup-Fabrik macht bald den Standort dicht. Neben die Türken ziehen die ersten Studenten-WGs. Thomas, ein Künstler, schweißt in einem Laden Stahlplatten zu monströsen Skulpturen zusammen. Linke Aktivisten besetzen zum Ende des Jahrzehnts die Rote Flora um die Ecke, auch hier zeigt sich die Entwicklung des Viertels, die sogar bis in die 1920er-Jahre zurückreicht: großes Vergnügungstheater mit spektakulärer Architektur, Kriegsschäden, Kino, Kinokrise, Leerstand, Ramschladen für Elektronik, Leerstand, Kulturzentrum.

1990 Aus der Arbeitslosenkneipe wird eine Studentenkneipe, hier werden Demos gegen den Rassismus nach der Wiedervereinigung organisiert, manchmal gibt es Konzerte. In die Räume des Schlachters zieht ein anatolischer Kulturclub, Neonröhren an der Decke, schäbige Tische, Männer mit Gebetskettchen.

2000 Ösgüls Tochter wird Immobilienmaklerin, sein Sohn studiert Medizin, alle ziehen in ein eigenes Haus in Harburg. Im ehemaligen Gemüseladen gibt es jetzt statt Gemüse Beats von Dr. Schock auf die Ohren. Eine Kneipe, ein Club, und in den Wohnungen darüber wohnen immer weniger Menschen pro Quadratmeter. 1960 war man zu acht auf 45 Quadratmetern, mit der Studenten-WG zu dritt, jetzt wohnt Matthias dort allein, die anderen sind ausgezogen, er ist Single und Anwalt. Die Internet-Start-ups beziehen Räume in den Hinterhöfen, in denen sich früher Tischlereien und Kfz-Werkstätten befunden haben.

2010 Als die Studentenkneipe wegen einer Verdopplung der Miete dicht macht, zieht dort ein Starbucks ein. Das hält die Studenten aber nicht davon ab, ihren Kaffee künftig dort zu trinken. Der türkische Gastronom hat keinen Bock mehr auf Döner und eröffnet selbst als Franchise-Unternehmer ein Vapiano, also

Quadratmeterpreise wie in Monaco: Downtown Schanze

eine Filiale einer pseudo-italienischen Restaurantkette. Auch der Club macht dicht und weicht einem Vodafone-Shop. Inzwischen strömen viele Touristen ins Viertel wegen des unvergleichlichen Flairs. An der Ecke macht ein Adidas-Shop auf. Thomas schweißt eine Skulptur für die Zentrale des Energieversorgers Vattenfall. Die Architektin Kordula zieht in ihre Eigentumswohnung und beklagt sich ab da über den Wandel des Viertels.

2020 Für die Zukunft im Jahr 2020 gibt es zwei Chancen, denn wir haben nur eine Schanze.

Die erste Chance!

Thomas lässt seine Skulpturen inzwischen in China schweißen. Ehemalige Graffitisprayer arbeiten in Loftbüros an neuen Ideen nach Twitter oder Instagram, deswegen verschwinden nach und nach die Wandbemalungen. In der Mittagspause haben sie die Wahl zwischen einem Sandwich von Subway, einem großen Keks von Starbucks oder schnell erhitzter Pasta von Vapiano. Das Viertel wird so öde, dass niemand mehr dort wohnen möchte. Kordula zieht auf einen Bauernhof und verklagt den Nachbarn, der eine Kreissäge benutzt, um Feuerholz zu sägen. Damit schlösse sich ein von mir favorisierter Kreis der freien Kräfte, bei dem am Ende ein Viertel da ist, wo es am Anfang war: unbewohnbar. Bereit, ganz neu erschlossen zu werden.

2020 die zweite Schanze!

Oder aber man versucht endlich gegenzusteuern. Der am wenigsten sanierte Teil des Viertels am Übergang zu St. Pauli wird eingezäunt, und es wird festgeschrieben, dass am Status quo nichts verändert werden darf. Bettelnde Punks und Graffitisprayer werden von der Stadt bezahlt, damit das Flair des Viertels erhalten bleibt. Renovierungen der Häuser sind verboten.

Klar kann man auf dem Schulterblatt gegenüber der Roten Flora einen guten portugiesischen Kaffee trinken. Irgendjemand hat sich für diese Anhäufung von Bierbänken, die vor Cafés stehen, den Namen Galao-Strich ausgedacht. Hier trifft man vor allem Touristen.

Aber einige wenige Adressen in der Schanze haben auf wundersame Weise jedweder Veränderung getrotzt, nämlich diese:

■ Erikas Eck
Rustikales Kultlokal mit deftiger deutscher Küche bietet Steak, Matjesfilet und Bratkartoffeln, auch nachts. Die Taxifahrerkneipe, die auch Künstler gerne ansteuern, ist nahezu 24 Stunden geöffnet. Warmes Essen morgens um 4 Uhr? Montagmorgen um 7 Uhr? Ab in Erikas Eck. Das letzte Mal, als ich dort war, kauerte Neger-Kalle in der Ecke, den man unbedingt »Herr Schwensen« nennen sollte. Niemals darf man diesem Mann die Hand geben, da er es außerordentlich lustig findet, dabei seinem Gegenüber mit einem Schraubzwingengriff die Finger zu brechen.
Sternstraße 98 · 20357 Hamburg · Telefon: 040-433545

■ Café Stenzel
Omacafé am Schulterblatt.
Wer die Straßenschlachten am 1. Mai, Wasserwerfer und Demonstranten bei einem Stück Marzipantorte beobachten möchte, sollte kommen, bevor das Viertel abgeriegelt ist. Dann hat man aber auch noch Zeit für einen Cappuccino mit Sprühsahne.
Schulterblatt 61 · 20357 Hamburg · Telefon: 040-434364

Ottensen –
und wie ein Teil von Altona blau-gelb wurde

Ursprünglich war die Große Bergstraße eine mit Kutschen und Straßenbahnen belebte Stadtstraße, wie wir sie aus Fotoalben kennen. In den 60er-Jahren machte man den Fehler, sie in eine riesige Fußgängerzone zu verwandeln, in der jedes Leben erstarb. Fußgängerzonen funktionieren nämlich nur da, wo wenig Platz ist. Zum Beispiel in der nur zehn Gehminuten entfernten Ottenser Hauptstraße. Hier aber tobt das Leben. Zwischen den vielen kleinen Läden, Büros und Wohnungen ist nur wenig Platz, sodass sich Fußgänger, Rollstuhlfahrer, Longboard- und Kinderwagenfahrerinnen kaum aus dem Weg gehen können. Besonders eng wird es am westlichen Ende der Einkaufsstraße, an dem eine Gruppe Traditionspunks auf dem Boden sitzt und permanent ihre Hunde anschreit. Hier wurde das Konzept, dass eine Party nur läuft, wenn sich alle aneinander vorbeidrängeln müssen, vollendet. Das gilt auch für den Mercado, den dazugehörigen Shoppingklotz. Dort umrahmen drei Etagen mit Läden einen Indoor-Marktplatz (wenn man ihn so nennen will) mit einigen Weinbars, einer Sushibar, Bäckerbar, Bierbar, Biobrot- & Zwiebelkuchenbar. Ich nenne sie alle Bar, denn in jeder dieser Ess- und Trinkecken setzt man sich an Tresen oder Stehtische. Auf den Hockern ragt der eigene Hintern in den nur zwei Meter schmalen Gang, der an den Hintern der Leute endet, die in der gegenüberliegenden Fischbar Matjesbrötchen essen. Dazwischen schieben sich andere Menschen zu H&M und anderen Adressen, die nirgendwo fehlen dürfen. Wer dort in Ruhe speisen möchte, wird immer wieder von Einkaufstaschen angerempelt. Immerhin kommt man so ins Gespräch. Selbst im ICE-Bistro geht es ruhiger zu.

All das ist in der Großen Bergstraße nicht möglich gewesen. Sie gehörte lange zu jenen Betonwüsten, in denen sich der Mensch irgendwie unwohl fühlt, so ohne angerempelt zu werden. In den 80er- und 90er-Jahren konnte man hier noch zu Karstadt im riesigen Frappant-Gebäude gehen, in dem es alles gab, aber nichts in großer Auswahl. Vom Karstadt-Ausgang schaute man über einen weiten Platz. Der Weg zur S-Bahn musste gut geplant sein. Hielt die Jacke im Regen dicht bis zum Bahnhof? Rissen einen die Fallwinde, die an den Außenmauern heruntergingen, vielleicht vorher um?

Nachdem immer mehr Läden geschlossen hatten, machte 2002 auch Karstadt dicht. Das trostloseste Kapitel begann. Wie ein riesiger Grabstein ragte das komplett geschlossene Frappant-Gebäude in den Himmel. Rundherum große, leere Flächen, nur einige türkische Gemüseläden hielten tapfer die Stellung. Die einzige Branche, die hier noch nennenswerte Umsätze zu erzielen schien, war der Handel mit Handyhüllen. Und dann kam IKEA und wollte ausgerechnet hier eine neue Dependance bauen. Sofort hallte das kleine Einmaleins der Gentrifizierungsgegner durch die Öffentlichkeit. Die Schweden würden kleine Läden verdrängen, Autos anlocken, die Mieten würden steigen. Und dann die große Überraschung: Über 70 Prozent der Menschen in Altona stimmten bei einem Bürgerentscheid für IKEA. Und das, obwohl die Gegner in allen Punkten recht hatten. Da bis zum Bau von IKEA kein Auto mehr die Große Bergstraße ansteuerte, weil sich dort eben nichts befand, wo man hätte hinfahren können, gab es natürlich einen Anstieg des Autoverkehrs. Die Handyhüllenläden wurden in der Tat verdrängt und durch Cafés ersetzt, die gut gefüllt sind, obwohl man dort nicht den Kaffeebecher umsonst nachfüllen kann.

In einer Umfrage der Hamburger Morgenpost unter Betreibern der umliegenden Läden vermeldeten dann sogar kurz nach der Eröffnung von IKEA neun von zehn Läden ein Umsatzplus dank der bösen Schweden. Und auch das Verkehrschaos hält sich in Grenzen, weil gleich hinter dem IKEA-Klotz eine vierspurige Ausfallstraße vorbeiführt, von der man in das neue Parkhaus abbiegen kann.

So gibt es also seit 2014 erstmals in Europa, einen IKEA mitten in der Stadt. Und damit ein weder von Gegnern noch Befürwortern vorausgesagtes Phänomen: Eltern bringen ihre Kinder ins Småland, das IKEA-Kinderparadies, und gehen anschließend nicht etwa durch die Möbelausstellung, sondern mit Freunden einen Kaffee in Ottensen trinken. Immer wenn ein Vincent-Benedikt oder eine Klara-Maria im Småland ein Spielzeug an den Kopf bekommt, sich stößt oder aus anderen Gründen in Tränen ausbricht, werden die Eltern ausgerufen, kommen aber nicht. Der Kern Altonas bleibt aber Ottensen, ein Szeneviertel ähnlich wie die Schanze, aber mit vielen Unterschieden. Zwar sind die Quadratmeterpreise in den engen Straßen auf ebenso hohem Niveau, aber dennoch mischt sich das vegan-urbane Bürgertum mit Leuten, die in der Schanze längst verschwunden sind: Jüngere, Einwanderer, Arme, sogar hier und da ein Rentner. Sie strömen aus weniger bewussten und raueren Vierteln Altonas herbei. Die Schanze ist mit der Schanzenstraße und dem Schulterblatt klar gegliedert. Ottensen hingegen besteht aus einem Gewirr von Gassen und Sträßchen, das ich, der ich selbst dort fünf Jahre lebte, nie ganz durchschaut habe.

Wer nach Ottensen zieht, muss sich schon für den Umzugswagen den einzig möglichen Weg merken, den es für ein Auto gibt, vor die Tür zu fahren. Im Gegensatz zu Berlin, wo man bei einem Stau einfach einmal rechts fährt, dann links und dann parallel zu einer Hauptstraße ein Viertel durchqueren kann, ist so etwas in Ottensen völlig unmöglich. Wer hier ohne Navi reinfährt, kommt nie wieder raus. Was auf dem Stadtplan nach einer durchgehenden Straße aussieht, entpuppt sich als plötzlich von Pollern versperrte Sackgasse. Was besonders lustig ist, wenn man dort mit dem 7,5-Tonner voller Kartons hineingefahren ist. Immer wieder wird man gezwungen, so abzubiegen, wie man es eigentlich nicht will.

Aber der wichtigste Aspekt, der Ottensen deutlich vom Schanzenviertel unterscheidet, ist dieser: Ottensen liegt an der Elbküste. Wer hier am Tage der Sonne entgegengeht, kommt nach wenigen Minuten am Elbhang an, zum Beispiel auf dem Altonaer Balkon, einer großen Rasenfläche südlich des Altonaer Rathauses. Hier tritt am Wochenende ein Hochzeitspaar nach dem anderen ins Freie, denn hinter der Elbchaussee erstreckt sich ein kleiner Park, der zur Elbe hin von einer großen Mauer abgestützt wird und des-

So badet man in HH.

halb an einen Balkon erinnert. Der Blick über den Hafen ist von hier aus weit und luftig. Oder aber man steuert die Elbe etwas weiter westlich an. Dort finden sich spektakuläre Büroneubauten am Elbufer, umgeben von Rampen und Schrägen, die das Herz des Longboardfahrers höherschlagen lassen. Schließlich erreicht man den Strand von Övelgönne, an dem jede Sommerparty enden sollte. Wenn Sie hier nach durchtanzter Nacht einschlafen und am

Vormittag von einem Golden Retriever geweckt werden, der sich nach seinem Bad in der Elbe neben Ihnen schüttelt, haben Sie eine schöne Dosis der Stadt genossen.

Was anstellen in Ottensen?

Leihen Sie sich in der Ottenser Hauptstraße bei Titus ein Longboard (ca. 10 Euro / Tag), das sind diese langen Skateboards für Erwachsene. Dafür müssen Sie die Ottenser Hauptstraße (beginnt am Bahnhof Altona) ganz bis zum Ende durchgehen. Solange sie Fußgängerzone ist, gibt es außer dem beschriebenen Gewimmel vor allem einen Trendschlachter zu entdecken, der sich traut, Teile von Schweinen in sein Schaufenster zu hängen, die jahrzehntelang lieber versteckt wurden, damit Fleisch nicht so sehr an Tier erinnert. Kurz vor dem Skateshop von Titus kommen Sie an der Rehbar vorbei, einer meiner Lieblingsadressen, da es dort schon nachmittags recht loungig zugeht (Ihre Kinder können Sie ja vorher bei IKEA abgeben). Trinken Sie aber nichts mit Alkohol, denn unten an der Elbe warten wirklich schöne Strecken auf Sie. Vorsicht, der Weg hinunter ist nur etwas für Profis. Wer es lieber etwas gemütlicher mag, schreitet noch ein bisschen weiter und findet am Ende der Ottenser Hauptstraße einen Laden, der ausschließlich Hängematten verkauft.

■ **TITUS HAMBURG SKATESHOP**
Ottenser Hauptstraße 56–62 · 22765 Hamburg

■ **Rehbar**
Ottenser Hauptstraße 52 · 22765 Hamburg

■ **Hängemattenladen**
Kai Christophersen e.K. · Bei der Reitbahn 2 · 22763 Hamburg

Autofreies Wohnen gab es in Övelgönne immer schon.
Nur lange Treppen und Fußwege führen zu den sogenannten »Kapitänshäuschen«.
Der Aufschlag für den Pizzaboten ist hoch.

Ein Hoch
aufs Sturmtief

Wer sich bisher fragte, wann die türkisfarbene Schutzfolie von der Elbphilharmonie entfernt wird – es ist keine Schutzfolie. Das Ding ist türkisfarben! Türkis!

Wenn im Herbst ein Sturmtief nach dem anderen die Elbe aufwühlt, kann man in Övelgönne Touristen beobachten, die sich über die vielen freien Parkplätze direkt an der Elbe freuen und nicht mal merken, wie sie beim Spaziergang von ihrem eigenen Opel Corsa überholt werden, der wenige Meter neben ihnen gen Nordsee treibt.

Beaufort 5 Ab Windstärke 5 weht der Schaum Hunderter Milchkaffees am Schulterblatt in die Gesichter erschrockener Agenturschlampen, die sich auch im Winter weigern, die XXL-Sonnenbrille Typ »Willy aus Biene Maja« abzusetzen.

Beaufort 7 Bei Windstärke 7 verlieren an der Alster die ersten Edelhunde die Bodenhaftung. Golden Retriever, von ihren Besitzern zweisprachig erzogen und auf Brigitte-Diät gesetzt, segeln aufs Wasser. Dort werden sie binnen Sekunden zu einer willkommenen Abwechslung für die ausgehungerten Schwäne, die sich über einen kleinen Snack freuen.

Beaufort 8 Jenseits von Windstärke 8 trauen sich Smartfahrer nur noch mit drei Kisten Wasser auf dem Beifahrersitz in ihr Auto. Paare, bei denen im Bett nichts mehr läuft, kennzeichnen sich jetzt mit zwei gleichfarbigen Regenjacken.

Beaufort 10 In der Hafencity winken Globalisierungsgewinner mit dem Wunderkind-Sakko auf ihrem Balkon um Hilfe. Bei Windstärke 10 entpuppt sich ihre Loftwohnung als Fehlkauf. Wer nicht schon im Lift ins Erdgeschoss auf den letzten drei Metern ersoffen ist, macht sich im Treppenhaus die Prada-Trekkingslipper nass. Dumm, dass es auf der Neubaubrache kaum Nachbarn gibt, die einen retten, und im Kühlschrank finden sich wie immer nur eine Flasche Schampus und 90 Gramm Koks. Doch beim Versuch, sich eine Sturmflut schönzutrinken, ist schon mancher ertrunken.

Beaufort 11 Auf der Reeperbahn werden bei Windstärke 11 schmächtige Gewalttäter Opfer ihrer viel zu großen Jacken und Hosen. Bevor sie ein Messer ziehen können, weht sie eine Sturmböe in Susis Showbar, wo sie zu einem willkommenen Snack für die dortigen Damen werden.

»Es gibt keine schlechte Kleidung, es gibt nur schlechtes Wetter.«
Sebastian Schnoy

Beaufort 12 Ab Windstärke 12 wird man selbst auf dem Ponton der Landungsbrücken seekrank, die HADAG-Fähre kämpft sich tagelang durch die Wellentäler nach Finkenwerder und beim Stau im Elbtunnel verbindet alle ein Gedanke: »Hoffentlich zieht niemand den Stöpsel!«

Verschwundenes Hamburg

Hamburgs Brooklyn

Als ich in Hamburg Kind war, schrieb man die 70er-Jahre. Die Concorde flog in weniger als der Hälfte der Zeit, die wir heute für einen Atlantikflug benötigen, nach New York. Der TGV war der schnellste Zug der Welt, und die Atomkraft versprach unbegrenzten Strom, sauber, leise und günstig. Wir badeten in der Elbe, obwohl das Wasser so dreckig war, dass man darin die Fotos vom Badetag auch gleich mitentwickeln konnte. Strich man ein Zimmer frisch an, bekam die ganze Familie ein paar Tage lang Kopfschmerzen, und damit die Kinder im Sommer beim Einschlafen nicht von Fliegen gestört wurden, gab es eine fette Ladung feines Gift aus der Sprühdose ins Kinderzimmer. Die Fliegen fielen im Todeskrampf auf den Boden und die Kinder schliefen schnell ein.

Es war eine verrückte Zeit, in der Fortschritt noch Verheißung war, eine Verheißung auf ein besseres Leben. Kinder wurden geimpft, weil die Kinderlähmung aussterben sollte, ebenso wie Typhus, Keuchhusten und die Masern. Die Menschen standen neuen Bauprojekten positiv gegenüber, denn auch bauen hieß Fortschritt – gemessen an heutigen Maßstäben mit Lichtgeschwindigkeit.

In den nur sechs Jahren zwischen 1968 und 1974 wurden mit dem Fernsehturm, der Köhlbrandbrücke und dem neuen Elbtunnel, also jenem Autobahntunnel, der die Elbe mit zunächst drei Röhren und sechs Spuren unterquerte, gleich drei große Bauprojekte realisiert, die bis heute zu den herausragendsten der Stadt gehören. Und da jedem Fortschritt irgendwie auch ein Rückschritt innewohnt, wurden dem Fortschritt in Hamburg immer mal wieder ganze Stadtviertel geopfert. So wie Neuhof, ehemals direkt unter der Köhlbrandbrücke gelegen. Es hätte das Szeneviertel der Stadt werden können.

Neuhof hatte nach dem Bau der Köhlbrandbrücke ein Flair, das an New Yorks Brooklyn erinnerte. Das für Arbeiter der nahen Vulkanwerft errichtete Viertel war schon 1914 bezogen worden. Spätestens nach der Schließung der Werft im Jahr 1986 hätten sich hier die ersten Künstler und Studenten niederlassen können, so wie es im Schanzenviertel geschah, dem auch die Hafenarbeiter abhandenkamen.

Haus an der Nippoldstraße mit Eckkneipe in Hamburg-Neuhof 1979, kurz vor dem Abriss.

Vielleicht hätten sie die Eckkneipe auf dem Bild zur angesagten Location gemacht. Man kann sich auf dem Foto gut vorstellen, wie Hippster vor dem Eingang der Kneipe mit Smartphones stehen. Die exponierte Lage Neuhofs am Strom der Süderelbe, im Schatten der imposanten Hängebrücke und umgeben von Hafen- und Industrieromantik – all das klingt heute verlockend.

Doch die heute viel beklagte Gentrifizierung hat in Neuhof nie stattfinden können. 1979 wurden die Blöcke abgerissen, und mit ihnen verschwand auch die Eckkneipe. Man kann auf diesem Foto schon sehen, dass dieses schöne, alte Gebäude das nächste sein wird, das die Abrissbirne zerstört. Die Bewohner waren nicht einverstanden, aber Widerstand gab es keinen. Ihnen wurden Wohnungen in Kirchdorf Süd angeboten. Wer heute in 53 Metern Höhe zwischen Lkws in Hamburgs höchstem Stau feststeckt, kann nicht ahnen, dass einst rund 3000 Menschen so dicht neben den Pfeilern der Brücke wohnten. Das neue Bauwerk schien über die alten Häuser zu triumphieren. Heute rückt der Abriss der Köhlbrandbrücke selbst in greifbare Nähe. Zermürbt vom Schwerverkehr wird ihr eine beschränkte Lebensdauer bescheinigt. Das Leben in Neuhof ist seit fast 40 Jahren Geschichte.

Umso erstaunlicher ist es, wie rege sich seine Einwohner immer noch treffen. Alle zwei Jahre sprechen sie über das Neuhof, das nur noch in ihren Gedanken lebt. Inzwischen sind die Planungen für die neue Hafenquerspange (inklusive Elbquerung wenige Hundert Meter weiter südlich) so weit gediehen, dass ab 2016 mit ersten Arbeiten begonnen werden kann. Diese Route könnte der neue westliche Zugang zum Hafen werden und die Köhlbrandbrücke ersetzen. Dann erginge es uns wie den Menschen aus Neuhof. Wir würden etwas sehen, wo nichts mehr ist. Aus dem Auto auf der A7 in die Luft deuten und von früher reden, als sich dort noch diese wunderschöne Hängebrücke in den Himmel reckte.

Gängeviertel

In den 80ern versuchte man noch die Bewohner der Hafenstraße mit Gewalt und viel Polizei aus ihren Häusern zu schmeißen. Das ist lange her. Wie sehr sich die Zeiten geändert haben und man bereit ist, den letzten Rest Subkultur in einer Art Zoo auszustellen und zu füttern wie die letzten Pandabären, zeigt die Geschichte des Gängeviertels.

Nur mit der Lupe zu sehen: die Reste des Gängeviertels in Hamburgs Downtown.

Als im August 2009 Künstler und Aktivisten dort einige alte Häuser besetzt hatten – im Grunde der einzige alte Häuserblock mitten in der Hamburger Downtown zwischen Bürobauten aus Stahl und Glas –, geschah Verblüffendes: Die Besetzer erwarteten die Botschaft der Herrschenden, dass die Besetzung illegal sei und das Haus wieder verlassen werden müsse, aber das Gegenteil trat ein. Nicht nur die unmittelbaren Nachbarn Springer-Verlag und Unilever begrüßten die Künstler und Besetzer. Auch der Bürgermeister und sogar der Präsident der Handelskammer hießen sie willkommen. Ja, etwas Kultur habe dort eh gefehlt, etwas Buntes, wie schön. Und vielleicht auch etwas, was noch abends geöffnet ist, denn der Rhythmus der Bürohölle saugt morgens eine Welle von Angestellten in die Gebäude, die um 17 Uhr alle wieder verschwinden. Nur in der Mittagspause ergießen sie sich auf die Straße auf der Suche nach etwas Essbarem. Die wenigen Restaurants leben vom Mittagstisch und schließen nach Büroschluss. Sie sind nicht mehr als die verlängerte Kantine der Unternehmen des Viertels.

Bleibt die Frage, was für linke Aktivisten schlimmer ist: vom Klassenfeind bekämpft oder von ihm umarmt zu werden? Auf jeden Fall findet man in den Häusern an der Kaiser-Wilhelm-Straße alles, was seit Jahrzehnten zum traditionell-alternativen Milieu gehört: Graffiti, viel Gerümpel, durchgestrichene Hakenkreuze in einem weitestgehend nazifreien Umfeld, Wohnprojekte, ein selbst organisiertes Café und natürlich die unvermeidlichen Skulpturen aus zusammengeschweißtem, verrostetem Stahl. Selbst Fondsmanager schauen in ihrer Mittagspause gern mal kurz vorbei, um etwas Dope zu kaufen. Was also tun, wenn alle so lieb sind?

Veranstaltungen im Gängeviertel

Wer eh durch Hamburg schlendert und gerade seinen Becher von Starbucks weggeschmissen hat, kann mal im Gängeviertel vorbeischauen. Hier erwarten Sie Ausstellungen und abends Lesungen und Konzerte. Für ein Foto vom Gängeviertel müssen Sie nah herantreten, nur ein Schritt zurück und schon sind Bürofassaden mit viel Glas und Sandsteinverblendungen mit im Bild.

■ **Gängeviertel e.V.**
Valentinskamp 28a · 20355 Hamburg
www.das-gaengeviertel.info · info@das-gaengeviertel.info

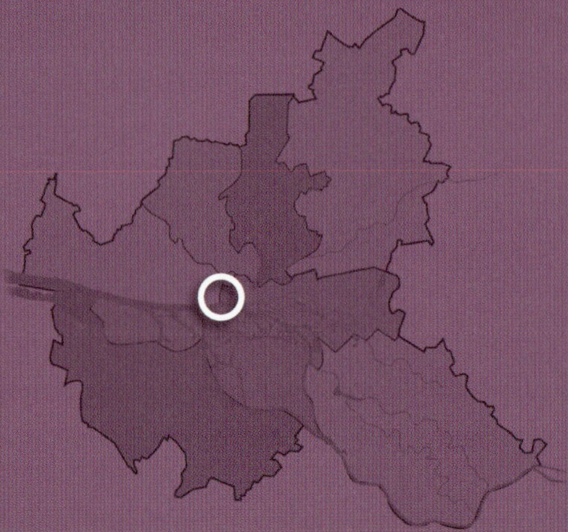

Wohnen, wo andere feiern

D ie echten St. Paulianer haben es nicht leicht. Es gibt nur rund 22.000 von ihnen, also Menschen, die wirklich hier wohnen, morgens in ihrer eigenen Wohnung aufwachen und zum Beispiel in der Paul-Roosen-Straße Brötchen kaufen gehen. Selbst Itzehoe hat noch mehr Einwohner. Wollten sich alle 22.000 echte St. Paulianer treffen, könnten sie sich einfach ins nur wenige Hundert Meter entfernte Millerntor-Stadion setzen, Heimat des legendären FC St. Pauli. Es blieben dennoch 7000 Plätze leer. Wird hier in der dunklen Jahreszeit gespielt, leuchten die vom Flutlicht angestrahlten Wolken über dem Viertel bräunlich in den Vereinsfarben von St. Pauli. Und der Jubel über ein Tor, aber auch das Buhen oder ein »Nein!« über einen versemmelten Pass fegen laut durch die Straßen.

Hamburg-Quiz Teil 2 (Schwierigkeit mittel):

Dreimal im Jahr findet auf dem Heiligengeistfeld neben St. Pauli ein Jahrmarkt statt, der Dom genannt wird.
Welchen Dom gibt es nicht?

A: Frühlingsdom   C: Herbstdom

B: Sommerdom   D: Winterdom

Der wesentliche Unterschied zwischen St. Pauli und Itzehoe? In Itzehoe werden die Menschen nicht Wochenende für Wochenende von mehreren Hunderttausend Leuten besucht. Allein 600.000 durchqueren das Dorf St. Pauli beim Schlagermove in lustigen Kostümen. Mal knattern Tausende von Harleys über die Reeperbahn, mal qualmen Oldtimer, schwitzen Läufer oder Inliner. Allein und vor allem unter sich sind die St. Paulianer nie. Auch die Hafenkante mit den Shuttlefähren zu den Musicals liegt fast in St. Pauli. Zwei Millionen Leute kommen deshalb pro Jahr in die Stadt und die meisten wollen nachher noch ein bisschen über die Reeperbahn bummeln.

Dazu ist dreimal im Jahr Dom, die Hamburgkirmes. Auch er grenzt direkt an St. Pauli und zieht mehrere Millionen Menschen an. Der Hafengeburtstag mit ebenfalls mehreren Millionen Gästen sei auch erwähnt. Dazu möchte jedes Großevent, sei es der Marathon, der Triathlon oder das Radrennen Cyclassics, unbedingt auch über die Reeperbahn führen. Was den Marathon betrifft, liegt mein persönlicher Rekord bei zwei Stunden und 46 Minuten. So lange habe ich gebraucht, um mit dem Auto die Strecke

Von den »Reepschlägern«, also den Seilmachern für die Schifffahrt, stammt der Name Reeperbahn.

von St. Pauli nach Barmbek zurückzulegen. Das Problem ist nicht, dass die Stadt so lange komplett gesperrt ist, bis ein Kenianer mit einer Zeit von wenig mehr als zwei Stunden ins Ziel läuft. Nein, die Stadt sperrt die Strecke, bis auch der Letzte das Ziel erreicht hat. Fast sieben Stunden! Fehlt nur noch, dass das nächste Poloturnier mitsamt dem British-Flair-Festival von Klein Flottbek auf die Reeperbahn umzieht.

Selbst wenn einmal kein Event stattfindet, ziehen immer noch zehn Theater auf der Reeperbahn Menschen an. An einem ganz normalen Samstag im Februar laufen mehrere Hunderttausend Menschen über die Meile, trinken, tanzen, feiern, und einige bleiben sogar für immer da und vergrößern das Dorf.

Wegen seines unvergleichlich rauen Charmes ziehen nämlich seit einigen Jahren immer mehr Leute nach St. Pauli und verklagen dann jene, die diesen unvergleichlich rauen Charme erzeugen. Meist werden für die neuen Häuser mit schönen Eigentumswohnungen alte Bordelle, Spielhallen und Kneipen abgerissen. In der Kastanienallee gab es lange weder Kastanien noch etwas, was sich wie eine Allee anfühlte, dafür einen alteingesessenen Puff. In der Hochparterrewohnung saßen Frauen bei gutem Wetter in geöffneten Fenstern. Gegenüber schwängerte die Bavaria Brauerei die Luft mit diesem leicht üblen Geruch, der entsteht, wenn Bier gebraut wird. Dann machte die Brauerei dicht und schöne Townhouses wurden gebaut – aber wer möchte schon von seinem Atelier voller Kunst und Design direkt in die gelangweilten Gesichter der Nutten schauen, die im Fenster gegenüber auf Freier warten? Der Puff musste dichtmachen, zunächst nur die Fenster, dann ganz. Was den klagefreudigen Neu-St. Paulianern hilft: Rechtlich ist dieses rund 200 Jahre alte Vergnügungsviertel lediglich ein Wohnviertel. Deshalb dürfen auch Konzerte auf den zwei Freilichtbühnen des Spielbudenplatzes nicht lauter sein als der Verkehr. Ein Umstand, der Konzerte eigentlich unmöglich macht.

Der schönste Zugang zu St. Pauli beginnt an den Landungsbrücken. Wer von dort an der St.-Pauli-Hafenstraße den Elbhang hinaufgeht, begreift, warum Europas größtes Amüsierviertel genau hier ist. Denn früher lagen die meisten Schiffe unten in der ersten Reihe an den Landungsbrücken. Schnell war eine Elbtreppe erklommen, schon stand der Seemann in der Davidstraße, wo um Punkt 20 Uhr die Prostituierten auf der linken Straßenseite auftauchten.

Das ist zwar bis heute noch so, aber manches hat sich doch verändert. Hier gilt, wie auch in den meisten Sexbars auf der Reeperbahn, dass man sich oft auf die Erpressung von Touristen spezialisiert hat. So sitzt mitunter ein ziemlich besoffener Sextourist mit Frauen im Whirlpool, die ihm plötzlich mitteilen, er müsse noch etwas nachzahlen, erkönne aber ganz entspannt im Schaumbad sitzen bleiben, denn eine Kollegin würde den fehlenden Betrag kurz mit seiner EC-Karte am Automaten holen. Diese Masche wird zufällig immer kurz vor Mitternacht angewandt, da es dann möglich ist, um fünf vor zwölf und um fünf nach zwölf den Höchstbetrag abzubuchen.

Primitiver ist es, in Tabledance-Bars Leuten nicht bestellte Getränke vorzusetzen, am liebsten irgendeinen einfachen Sekt für 500 Euro. Oder der billigste Trick aus zweihundert Jahren St.-Pauli-Geschichte: »Na, Süßer, gibste mir denn einen aus?« Schwupps sind für einen Kurzen 55 Euro auf dem Tacho, oder es kommt gleich die große Flasche. Reicht das Geld nicht oder will der Gast nicht zahlen, wird schon mal sein Auto verpfändet: »Du bist doch mit dem Auto hier, gib mir mal den Schlüssel. Kriegste wieder, wenn die Rechnung beglichen ist.«

Besser, wenn man immer einen zweiten Autoschlüssel dabei hat. Oder es wird gleich der Partner verpfändet, wie es einem Ehepaar aus Schweden passierte. »Die Kleine bleibt hier, bis das Geld da ist.« Gut, wenn man dann noch einen zweiten Partner hat. Als ich überlegte, welche Adressen auf St. Pauli für mich die faszinierendsten sind, musste ich feststellen, dass sie fast allesamt zugemacht haben.

Dieses Kapitel
gelesen von Sebastian Schnoy

**Dann fiel mir eine Buchidee ein –
ein geniales, aber völlig nutzloses Buch mit dem Titel:**

Zu diesen Orten gehörte zum Beispiel eine Schwulenkneipe, die ich als Hetero gerne besuchte, da dort niemand Billard spielte und der Tisch immer frei war. Ich war dort anscheinend nie nüchtern, jedenfalls habe ich den Namen der Bar vergessen – ist auch egal, denn sie hat ja zugemacht. Ebenso das Safari. Lange das letzte Theater mit Live-Sex auf der Bühne, in Form von verheirateten Paaren aus Osteuropa, die in Kostümen aus Biene Maja, dem Phantom der Oper oder Fred Feuerstein auf der Bühne kopulierten, etwas abwesend, wie das bei Ehepaaren üblich ist. Eine verstörende Show, der Eintritt betrug nur 5 Euro, dafür musste man mindestens zwei Getränke aus dieser Karte bestellen:

Two drinks minimum:		
Astra	0,3 l	15,00 Euro
Alsterwasser	0,3 l	15,00 Euro
Rotwein (trocken)	0,2 l	15,00 Euro
Weißwein (trocken)	0,2 l	15,00 Euro
Clausthaler	0,33 l	15,00 Euro
Cola	0,2 l	15,00 Euro
Fanta	0,2 l	15,00 Euro
Sprite	0,2 l	15,00 Euro
Spezi	0,2 l	15,00 Euro
Wasser	0,2 l	15,00 Euro
Wasser (still)	0,2 l	15,00 Euro
Kaffee Tasse		15,00 Euro
Tee, schwarz		15,00 Euro

Auch die berühmte Esso-Tankstelle ist Geschichte. Sie lag jahrzehntelang mitten auf der Reeperbahn, hatte keinen Nachtschalter, dafür Security, die die Massen der jungen Menschen, die nachts wenig Benzin, dafür viel anderen Treibstoff kauften, mit einem strengen Blick verfolgte. Schließlich wurde die Tankstelle abgerissen, dazu ein ganzer Block voller ärmlicher Wohnungen und eine Bar namens Minibar (eine andere meiner Lieblingsadressen) gleich mit.

■ Das Klubhaus St. Pauli

Musik, Kultur und Nachtleben auf sechs Stockwerken. Im Erdgeschoss finden sich das Theater Schmidtchen und die beiden
Bars Sommersalon und Schmidtchens Alte Liebe. Im Unterge-
schoss wird im Bahnhof Pauli am Mittwoch, Freitag und Samstag
gefeiert. Im Häkken und im kukuun gibt's Livemusik und ein
Stockwerk drüber, im 2. Obergeschoss, die Lasertag St. Pauli.
Ganz oben hat das Skurrilum für Rätselfans zahlreiche Über-
raschungen parat. Nicht zu vergessen die Roofbar auf dem Dach.

Spielbudenplatz 21/22 · 20359 Hamburg

■ Empire Riverside

Eine absolute Tourihotelbar, deren Besuch sich aber wegen des
spektakulären Blicks über Hafen und Elbe lohnt ist jene im
Empire Riverside Hotel. Der Gast mit wertvollem Auto kann
im zugeparkten St. Pauli, wo sich Partygäste gerne auf fremde
Autos setzen oder ihr Leergut auf dem Dach eines Range Rovers
mit Düsseldorfer Kennzeichen stehenlassen, gepflegt in die Tiefgarage fahren und von dort direkt den Lift in den 20. Stock nehmen. Dort lernt man Menschen kennen, die nicht in Hamburg
wohnen. Aber gerade im Sommer, wenn die Sonne spät im Westen untergeht und die Stadt zu leuchten beginnt, ist es dort wirklich famos.

Bernhard-Nocht-Straße 97 · 20359 Hamburg

Doch es gibt auf der Reeperbahn ein Wohnzimmer, in dem man sich jederzeit niederlassen kann: das Foyer des Schmidt Theaters. Ganz gleich, ob gerade eine Vorstellung läuft, lief oder bald laufen wird, hier finden sich rote weiche Clubsessel, und kaum sitzt man, wird man auch gefragt, was man trinken möchte. Kurz vor acht wird es etwas voll, doch vor allem tagsüber und spät in der Nacht ist und bleibt das Schmidt für mich der behaglichste Ort auf der Reeperbahn. Wer es bis vier Uhr morgens durchhält, hat auch die Chance, dass Corny Littmann persönlich hineinschlurft und sich neben einen setzt.

Das Foyer des Schmidt Theaters ist das Wohnzimmer der Reeperbahn.

Wer den Nepp meidet, kann bis heute wunderbar auf der Reeperbahn feiern. Wenn es unbedingt Striptease sein soll, ist das Dollhouse eine solide Adresse, erinnert aber mit seinem Interieur und dem gefliesten Boden an ein Schnellrestaurant. Zu den alten Traditionsadressen zählen auch der von vielen Fans gerettete Silbersack (eine Kneipe, in der wirklich – und dazu muss man Hamburger erst mal bringen – gemeinsam gesungen wird) und die Ritze mit ihrem wunderbar abgewetzten Innenleben. Neben dem Schmidt Theater hat das neue Klubhaus eröffnet, in dem gleich mehrere

Clubs mit unterschiedlichem Programmangebot beheimatet sind. So auch das zauberhafte kukuun.

Relativ neu sind auch die Tanzenden Türme am Anfang der Reeperbahn, zwei x-artig schräge Türme, in deren 23. Etage unter dem Namen Cloude ein Restaurant und eine Bar auf Touristen aus Kassel warten, die unten im Arcotel Onyx eingecheckt haben. Wahrscheinlich die einzige Adresse auf der Reeperbahn, die darum bittet, auf allzu sportliche Kleidung zu verzichten. Ähnlich wie im 20th up im Empire-Riverside-Hotel am Ende der berüchtigten Davidstraße kann man auch hier in die Tiefgarage einfahren, den Lift in die oberste Etage nehmen und das Treiben auf der Reeperbahn aus sicherer Distanz betrachten. Dabei wartet doch die schönste Location im Untergrund: Nachts öffnet sich auf dem Trottoir vor den Tanzenden Türmen das Pflaster und gibt eine Treppe frei, die hinab in den heiligen Mojoclub führt.

Nur an einem Tag müssen Sie die Reeperbahn unbedingt meiden, am 31. Dezember. Wer es sich in Hamburg erlaubt, keinen Plan für Silvester zu haben, es sogar wagt, diese und jene Einladung von langweiligen Freunden auszuschlagen, kann in einem schwachen Moment vielleicht auf eine fatale Idee kommen, und die lautet: Man kann ja Silvester mal auf den Kiez gehen und gucken, was da so los ist. Wenn Sie das in Erwägung ziehen, beachten Sie bitte Folgendes: Die richtige Ausrüstung ist wichtig. Man sollte viel Bargeld mitnehmen, denn die Geldautomaten auf dem Kiez sind schon am frühen Abend leer. Stecken Sie sich eine Tupperdose in die Unterhose, damit polnische Chinaböller ohne TÜV-Plakette, die direkt unter Ihnen detonieren, nicht Ihre Fortpflanzungsorgane zerlegen. Wichtig ist der lange Mantel Marke »letzter Kriegsheimkehrer«, denn der Kiez ist kalt, wenn alle Clubs überfüllt sind. Und wenn Sie schon den Abend draußen verbringen müssen, vergessen Sie nicht das Wichtigste: einen Helm, zur Not einen

Bau- oder Fahrradhelm, denn zwischen Nobistor und Millerntor lauern in der Silvesternacht zahlreiche Heckenschützen, die mit dem großen Raketenkarton in Panzerfaustgröße auf Sie zielen. Im Vergleich zu einer Silvesternacht auf der Reeperbahn ist selbiger Abend in einem Krisengebiet eine sichere Sache. Das Problem auf St. Pauli: Selbst wenn Sie abhauen wollen, Sie bekommen stundenlang kein Taxi. Ich bin schon in der Silvesternacht zu Fuß vom Kiez bis nach Eimsbüttel gelaufen. Wenn Sie zu Hause sind, sind Sie wieder nüchtern, versprochen! Da beneidet man doch Leute, die in Käffern wie Pinneberg oder Buchholz feiern dürfen. Wenn Sie da im Zentrum hinten in einen Bus einsteigen, nach vorne durchgehen und wieder aussteigen, sind Sie schon zu Hause.

Speisen auf der Reeperbahn

Gut essen:

■ **Restaurant Freudenhaus**

Hier gibt es gehobene deutsche Küche. Deutsch und gehoben ist so selten, dass sich schon allein deshalb ein Besuch lohnt.

Ecke Seilerstraße / Hein-Hoyer-Straße

Sehr gut essen:

■ **Dips & Sticks**

Hier gibt es asiatisch angehauchte Küche, feinstes Fingerfood in lockerer Umgebung.

im Schmidt Theater im 1. Stock, einfach durchs Foyer gehen

Wie Tony Soprano essen:

■ **Italiener Piceno**

Hier fühlt man sich gleich wie Tony Soprano, nimmt Platz an kleinen, mit karierten Wachstüchern bedeckten Tischchen. Das Essen ist okay, aber mehr auch nicht.

Hein-Hoyer-Straße 8

Zum Wiederaufwachen:

Ein Käffchen im Mothers Fine Coffee in der Davidstraße / Ecke Kastanienallee.

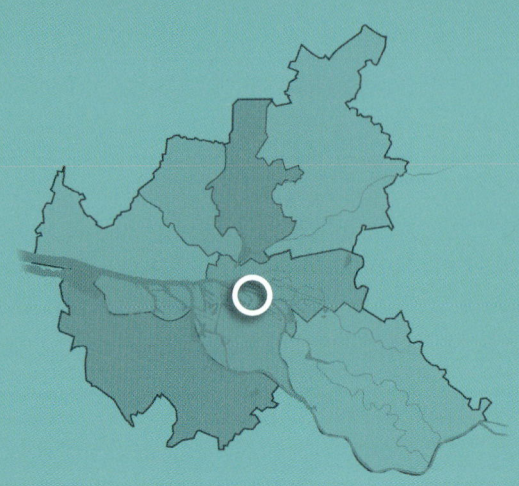

Hafencity

oder: Der Tod lauert vorm Marco-Polo-Tower

Ich glaube, wenn es mit der Elbphilharmonie, gelegen am westlichsten Punkt der Hafencity, noch etwas länger gedauert hätte, wäre es einfacher gewesen – die UNESCO hätte kurzerhand die Baustelle zum Weltkulturerbe erklärt. 75 Millionen sollte das Prachtgebäude einst kosten. Am Ende werden es wohl mehr als 750 Millionen gewesen sein. Als ich diese Zahlen einmal auf einer Berliner Kabarettbühne ins Publikum schmiss, reagierte es erstaunlich gelassen, und ein Mann rief: »Das ist doch noch günstig!« Klar, beim Flughafen Berlin-Brandenburg werden ganz andere Summen aufgerufen, und er wird, bis ich dieses Buch fertig geschrieben habe, sicher nicht eröffnet sein. Vielleicht wäre es hier vielleicht auch einfacher und billiger gewesen, Berlin abzureißen und es neben einem funktionierenden Flughafen wiederaufzubauen.

Hamburg-Quiz Teil 3 (Schwierigkeit hoch):

Welcher Teil von Hamburg ist von den Plänen für eine Hafenerweiterung betroffen und wird abgerissen, wenn der Hafen weiter wächst?

A: Altenwerder   C: Moorfleet

B: Moorburg   D: Hafencity

Woanders scheint es einfacher zu sein, ein Opernhaus zu bauen. In Dänemark stiftete der alte Chef der Reederei Maersk Kopenhagen eine Oper für 330 Millionen Euro. Gebaut, bezahlt und dem Bürgermeister den Schlüssel überreicht. »Hier, viel Spaß damit.« In Hamburg musste hingegen die Stadt der Reederei Hapag-Lloyd mit mehr als einer Milliarde Euro unter die Arme greifen, um sie vorm Bankrott zu retten. Mir scheint, in Monarchien kann man besser mit Geld umgehen. Vergleicht man den Bau der Elbphilharmonie mit dem Bau von Schloss Neuschwanstein in Bayern, gewinnt eindeutig die Monarchie. Ludwig II. hatte 1,5 Millionen Mark für den Bau veranschlagt, am Ende wurden es

3 Millionen. Mit einer so sanften Budgetüberziehung wäre man heute doch schon glücklich. Für die fehlenden 1,5 Millionen Mark musste er einen Kredit aufnehmen auf seinen Namen. Als er später von einem Gericht entmündigt wurde, war einer der Gründe: Wer so viel Schulden hat, kann ja nur verrückt sein. Das Ende ist bekannt. Ludwig II. ging, von Zweifeln zerfressen, in den Starnberger See und ward nie wiedergesehen. Hat man einmal Ole von Beust an den Landungsbrücken gesehen? Bereit zu springen?

Uwe-Seeler-Gedenktafel

Stellen wir uns doch mal vor, man hätte am selben Tag damit begonnen, die Elbphilharmonie und das Kolosseum in Rom zu bauen. Letzteres war schon nach acht Jahren fertig und eine absolute Hightech-Arena. Man konnte sie mit Wasser fluten und in dieses Bassin echte Schiffe einfahren lassen, um Seeschlachten nachzuspielen. Nach acht Jahren merkte man auf der Baustelle der Elbphilharmonie, dass bei der Premiere wahrscheinlich auch Schiffe über die Bühne fahren würden. Man hatte einen ausreichenden Hochwasserschutz vergessen.

Die Hafencity ist auch für Hamburger jedes Mal aufs Neue eine Entdeckung, entstehen doch stets neue Häuser und Straßenzüge, die beim letzten Besuch noch nicht da waren. Wenn ein ganzer Stadtteil auf dem Reißbrett entworfen wird, ist die Gefahr groß, dass er monoton und leblos aussieht. Dies trifft bei der Hafencity nicht ganz zu, da jedes Gebäude von einem anderen Architektur-büro entworfen wurde. Somit findet sich ein ambitioniertes Haus neben dem anderen, und jedes in einem anderen Stil. Dafür fehlt in der Hafencity aber so ziemlich alles, was zu einem irgendwie normalen Stadtleben dazugehört. Kleine Läden sind ebenso weit wie kleine Kneipen. Vor allem sind die Mieten so hoch, dass sich mit einem Gemüseladen bisher noch niemand in der Hafencity zum Zwecke einer vorhersehbaren Insolvenz niederlassen woll-te. Dafür gibt es Bürogebäude und Coffeeshops, soweit das Auge reicht. Leider brauchen aber auch schwer arbeitende Designer, Social-Media-Manager und sonstige Hipstermenschen außer Kaffee ab und zu mal Gemüse oder eine Currywurst. Viele, die in der Hafencity arbeiten, treten daher in der Mittagspause den Marsch in die alte Innenstadt an. Und diejenigen, die es sich leis-ten können, hier ab und an für ein paar Tage im Jahr zu wohnen, haben nicht nur für ihr Penthouse die paar Millionen locker aus der Portokasse hingeblättert, sondern lassen sich das Essen sowie-so vom Feinkostladen liefern.

Wer aber fleißig gespart und zwanzig Bausparverträge aufgelöst hat, um sich im Marco-Polo-Tower eine Wohnung zum dauerhaf-ten Wohnen zu leisten, den umgibt am Ende doch eine gewisse triste Leblosigkeit. Kein Nachbar übt über einem Klavier, keine Mutter schimpft darunter mit ihren Kindern, denn hier gilt die Währung der maximalen Quadratmeterzahl pro Kopf. Dafür gibt's aber für die Immobilienbesitzer im Marco-Polo-Tower ein einma-liges urbanes Abenteuer gratis dazu. Hier ist es möglich, vom Bal-kon aus – wenn man die riesigen, in jedem Stockwerk anders ver-

Für die Speicherstadt wurde einst ein ganzer Stadtteil abgerissen.
Über 100 Jahre war es im Freihafen verboten, zu wohnen.

Heute gibt es keinen Freihafen mehr
und Container werden wieder von Häusern vertrieben.

schwungenen terrassenloftartigen Freiflächen überhaupt Balkon nennen darf – auf das Pooldeck der MS Europa hinabzuschauen. Leider verbrennen Schiffe aber Schweröl, einen besonders billigen und minderwertigen Brennstoff. Im beißenden Rauch, der aus den Schornsteinen quillt, findet sich Schwefeldioxid, Stickstoffdioxid und Benzol. Abgase, die aus dem Straßenverkehr längst verbannt wurden. Dummerweise müssen die Maschinen aber auch dann

Im Lift Richtung Tiefgarage ist schon mancher Loftbesitzer ertrunken.

weiterlaufen, wenn das Schiff fest vor dem luxuriösen Marco-Polo-Tower vertäut ist, sonst gehen an Bord die Lampen aus. Und so zieht ein extrem giftiger Abgascocktail in die Schlafzimmer der Bewohner des Luxusturmes. Die Lösung könnte ein ausgeklügeltes Lüftungssystem nach dem Vorbild des Unileverhauses gegenüber sein, in dem mehr als tausend Hamburger arbeiten und das bei den einfachen Hamburger Mietsblockbewohnern für ordentlich Schadenfreude sorgt. Denn wer im Unilevergebäude sein Fenster öffnet, öffnet es nicht wirklich, denn das gesamte Gebäude ist von einer Kunststoffhaut umgeben. Der Zwischenraum wird mit geprüfter Luft geflutet und nur die kann man dann in seinen Raum hineinlassen. Das stelle ich mir richtig schick vor: den Marco-Polo-Tower mit seinen Millionen-Lofts, eingepackt in einen Plastikbratschlauch.

Und weil das Leben in der Hafencity dank Immobilienwucher und Bürowüste ziemlich tot ist, müssen jetzt die echten Hamburger hier für Leben sorgen. Sie sitzen in Scharen auf den Magellan-Terrassen am Elbufer. Es gibt dort Lesungen und Tangotanzen unter freiem Himmel, jeweils veranstaltet und besucht von Menschen aus profanen Stadtteilen wie Barmbek und Altona. So kann sich der Bewohner seiner Millionen Euro teuren Wohnung einbilden, dass sein Leben und diese Lebendigkeit irgendwie zusammengehören. Und weil die echten Hamburger auch nicht dauernd den Gestank von Schweröl einatmen müssen, freuen die sich darüber, dass hier regelmäßig die »Queen« auftaucht. Die Queen Mary, zu der die Hamburger eine besondere Beziehung haben. Immer, wenn das Flaggschiff der Cunard Line in den Hamburger Hafen kommt, erscheinen Tausende von Menschen zum Winkappell. Mitteilen, wann sie kommt, muss übrigens vorher niemand. Die Queen kündigt ihr Kommen nämlich selbst an. Es beginnt mit jenem unglaublich tiefen Brummen, das die Gläser in den Vitrinen von Blankenese bis zur Neustadt zum Vibrieren bringt. Jeder Hamburger kennt dieses unverwechselbare Geräusch und kann es bei Familienfeiern zum Besten geben. Wer es hört, weiß: Die »Queen« ist mal wieder zur Reparatur bei Blohm & Voss. Manchmal mehrmals im selben Jahr. Das Schiff ist nämlich fast so oft kaputt wie mein Peugeot. Ich frage mich eh, ob Schiffsinspektionen mit denen von Autos zu vergleichen sind. Sagt da der Kapitän zum Meister der Werft: »Wir hatten bei der Tour von New York hierher so ein komisches Geräusch in der Maschine.« Worauf dieser mit Dollar-Zeichen in den Augen das Gesicht verzieht und murmelt: »Tja, komisches Geräusch? Das wird auf jeden Fall teuer!« Wenn ich in die Inspektion fahre,

winken mir übrigens keine Passanten zu, Fotos macht erst recht
niemand. Gut, ich kann auch nicht 2650 Passagiere an Bord nehmen, sondern nur drei. Natürlich kommt das Schiff ohne Passagiere ins Dock. Dabei bin ich mir sicher, dass sich bei ihren vielen
Fans auch eine Woche Queen-Mary-Urlaub im Dock bei Blohm
& Voss in der Außenkabine gut verkaufen ließe. Welche Kreuz-
fahrt bietet schon fünf Landgänge in Hamburg bei null Seegang.
Gerade für Einsteiger ideal. Das Besondere, wenn die Queen für
ein paar Tage repariert wird: Ein Großteil der Besatzung hat endlich mal frei. Dann passiert etwas, was es in der modernen Schifffahrt eigentlich kaum noch gibt: Nächtelang ziehen über tausend
philippinische Matrosen, Kellner und Kabinenmädchen über die
Reeperbahn und sprengen die Karaoke-Shows, zum Beispiel die
in der Thai Oase. Bis beim Auslaufen der Queen dann der Letzte
wieder zum Winkappell auf dem Balkon erschienen ist, ist ihr Bug
schon in Southampton und das Heck vor Glückstadt.

■ Thai Oase

Die lebendigste Karaokebar der Stadt –
ist aber wirklich nur eine nette Karaokebar und kein Bordell.

Große Freiheit 38 · 22767 Hamburg · Telefon: 040-31792095

■ Club 20457

Benannt nach der neuen PLZ der Hafencity ist der Club 20457
einer der wenigen lässigen Orte zwischen den Wohnungen der
Globalisierungsgewinner. Hier lädt der Comedian Frank Eilers
einmal Stand up Comedians zum Open Mike.

Osaka Allee 8 · 20457 Hamburg · Telefon: 040-34834809

Dieses Kapitel
gelesen von Sebastian Schnoy

Richtig
kreuzfahren

Die härteste Seestrecke bleibt für immer Hamburg – Helgoland, die kleinen Fähren schaukeln in der wilden Nordsee dermaßen, dass selbst der Kapitän jedes Mal spucken muss. Machen Sie den Selbsttest: Wenn Ihnen schon im Fischrestaurant auf den Landungsbrücken, die ja als Pontons sanft in der Elbe schunkeln, schlecht wird, und das nicht am Essen liegt, dann sind Sie definitiv nicht kreuzfahrtgeeignet. Für alle anderen gibt es Hoffnung, denn auf den Riesenkähnen der Kreuzfahrtflotten wird man dank Stabilisatoren nicht mehr so leicht seekrank. Inzwischen gibt es drei Kreuzfahrtterminals im Hamburger Hafen, denn Kreuzfahrten sind der Megatrend in Deutschland. Marktführer AIDA lässt jedes Jahr einen neuen Pott mit Grinsegesicht vom Stapel laufen. Sie können in Hamburg hervorragend an Bord gehen. Sie müssen sich nur noch entscheiden, welches Schiff für Sie das richtige ist.

Hier ein kleiner Guide:

MS Europa

Sie tragen die Schwimmweste gerne über dem Smoking? Sie finden Shuffleboard eine aufregende Sportart und Bingo kreislaufanregend? Sofort einchecken! Für den Preis eines Kleinwagens wird Ihnen Ihr persönlicher Butler eine Woche lang jeden Wunsch erfüllen.

AIDA

Der Unterschied einer mit vier Personen belegten Innenkabine auf der AIDA und einem Schlafwagenabteil ist nur, dass auf der AIDA nicht mitten in der Nacht die Fahrkarten kontrolliert werden. Doch auch hier müssen die Betten Nr. 3 und 4 über den Betten 1 und 2 aus der Kabinenwand herausgeklappt werden. Den Gang dazwischen sollte man nur abwechselnd betreten. Aber wozu brauchen Sie eine Luxuskabine? Sie feiern eh die ganze Woche durch! DJ Thorsten verwöhnt mit den größten Hits der 70er, 80er und 90er Pool, Joggingstrecke, Volleyballfeld, alles inklusive – ist nur Pech, wenn Sie den Ball zurückholen müssen.

Queen Mary II.

Die Schiffe der Cunard Line wurden in Italien gebaut, leider durften die Italiener aber keine ihrer unvergleichlich guten Espressomaschinen einbauen. So gibt es an Bord – ganz britisch – einen Tee in der Geschmacksrichtung »Kaffee«. Ganz in der englischen Tradition, große Anstrengungen zu unternehmen, um sinnlos erscheinende Traditionen zu pflegen, wurde ein riesiges Freideck mit Kunstrasen für Cricket vorgesehen. Die Queen lockt mit viel dunkel vertäfeltem Interieur und einem guten Irish Pub mit Guinness vom Fass. Abends spielt eine vielköpfige Bigband zum Tanz auf, und auch für Eintänzer ist gesorgt, falls die Dame allein reist.

Der Beluga-Airbus mit Nachschub für die Endmontage in Finkenwerder muss tief die Elbe kreuzen, um am anderen Ufer aufsetzen zu können. Ob das hier gutgeht?

Mit dem Frachtschiff reisen

Trotz des Versuchs, Passagieren auf Kreuzfahrtschiffen immer mehr Zerstreuungen zu bieten, ist der allerneueste Trend: Mitfahren auf dem Containerschiff. Der Vorteil: Statt mehrerer Tausend Mitreisender, die feiern, betrunken rumlärmen und Liegestühle blockieren, hat man hier ruhigere Passagiere, nämlich siebentausend Standardcontainer. Ab achtzig Euro am Tag lässt sich hier unvergleichliche Ruhe genießen.

www.hamburgsued-frachtschiffreisen.de

Ein Grund für den Kreuzfahrtboom ist allerdings bitter: Flüchtlingswellen und weltweiter Terrorismus. Im südlichen Mittelmeer treffen die mit einem Lächeln bemalten Büge der AIDA-Schiffe auf die Routen der Flüchtlinge aus Afrika und Syrien, die versuchen, Europa in kleinen Booten zu erreichen. Während viele Hotels rund um das Mittelmeer in einer Welt der sich schnell abwechselnden Krisenherde bereits ihre Pforten schließen mussten, kann ein Kreuzfahrtschiff einfach seine Ziele ändern. Das passiert teilweise noch während der Reise selbst.

Nachdem im Sommer 2014 in der israelischen Hafenstadt Aschdod Teile einer vom Gazastreifen auf Israel abgefeuerten Rakete auf das Pooldeck der AIDA Diva fielen, ersetzte der Konzern diese Destination kurzerhand durch griechische Inseln. Doch auch Kos und Lesbos wurden durch neue Ziele ausgetauscht. Sogar Istanbul wird von einigen Reedereien nicht mehr angeboten. Vom Promenadendeck des zyprischen Kreuzfahrtschiffes Salamis Filoxenia sichteten Gäste bei einem Glas Wein einen mit 350 syrischen Flüchtlingen völlig überfüllten Fischkutter. Die Besatzung nahm die Menschen an Bord. Doch natürlich werden die Routen in Zukunft so angepasst, dass der Blick auf Flüchtlinge, die in Seenot geraten sind, nicht die Stimmung auf der Poolparty verdirbt.

Es gibt keine
Hamburger Küche

Labskaus, Birnen, Bohnen & Speck
und anderer Matsch

Wenn Sie etwas echt Hamburgisches essen wollen, wird die Karte sehr kurz. Denn es gibt keine Hamburger Küche, jedenfalls keine, die es sich zu essen lohnt, und das sage ich als Hamburger. Glauben Sie mir, ich habe es jahrzehntelang probiert. Das berühmteste Gericht – Labskaus –, das im Rathauskeller an Touristen für teuer Geld verkauft wird, isst kein Hamburger. Es ist eigentlich ein Notrezept für die Seefahrt. Wenn die Crew schon vier Wochen an Bord war und das Essen langsam knapp wurde, mischte der Smutje nach diesem Rezept allerlei Konserven, eingelegte Gurken und gepökeltes Fleisch zusammen. Das Ganze wurde zu einem Brei verarbeitet, den Seeleute mit durch Skorbut geschwächtem Gebiss runterschlürfen konnten. Warum sollte man das freiwillig essen?

Gäbe es eine Hamburger Küche, dann müssten sich zumindest Gerichte finden, die einst hier erfunden wurden und auch heute hier gegessen werden. Aber weitere als Hamburger Küche bemühte Speisen, wie etwa der Matjes, sind in Holland erfunden worden oder, wie Birnen, Bohnen & Speck und Himmel & Erde, von Schlesien bis zum Rheinland bekannt und deshalb nichts typisch Hamburgisches.

Auch aus dem Norden Europas – und da liegt nun mal Hamburg – hat es kein einziges Land geschafft, Hamburg kulinarisch zu überzeugen. Außer schwedischen Hackfleischkötteln bei IKEA gibt es hier einfach nix aus dem Norden Europas. Und deshalb auch keine Dialoge wie diesen frei erfundenen über skandinavische Restaurants: »Ihr müsstet mal ins Stockholm, einfach herrlich! Der Surströmming war wieder mal eine Wucht, so intensiv, faulig und stinkend gibt's den wirklich nur da.« »Ich gehe lieber in die Fjöbenstöben, ein finnisches Rentiercarpaccio liegt mir einfach mehr.«

Genauso schlecht ist es auch um das Hamburger Bier bestellt. Selbst Holsten und Astra wurden von der dänischen Brauerei Carlsberg aufgekauft. Man säuft also mit jeder Flasche Bier aus Dänemark – und das in Hamburg, das sich jahrhundertelang gegen die aufsässigen Dänen zur Wehr setzen musste.

Na gut, aber zumindest der Hamburger wird doch aus Hamburg kommen? Ja, sogar ziemlich sicher. Sein Vorläufer wurde Anfang des 20. Jahrhunderts als »Rundstück warm« in Hamburg serviert. Dieser Imbiss war offenbar so gut, dass er direkt mit nach Amerika ausgewandert ist. Vielleicht hatten ihn die Auswanderer schon bis zur Elbemündung verspeist, sodass sie in New York mit der Sehnsucht nach diesem guten Imbiss an Land gingen. Vielleicht kam deshalb das »Rundstück warm« in den 1970er-Jahren, verkommen zu billigstem Fast Food, zurück zu uns. Eigentlich müsste der Mc-Donald's-Konzern für jeden in der Welt verkauften Hamburger Lizenzgebühren in die Hansestadt schicken, dann könnte man hier den Jungfernstieg mit purem Blattgold belegen.

Aber wenigstens Fisch heimischer Art wird es doch noch geben, wenn man schon mal in Hamburg ist? Spätestens der Besuch in den Fischrestaurants auf den schwankenden Pontons an den Landungsbrücken der Elbe lässt doch sicher auf einen authentischen Moment hoffen. Aber mit dem Fisch ist es wie mit den »typischen« Reetdächern auf Sylt. Deren Reet kommt aus der Ukraine und wird von polnischen Dachdeckern verlegt. Und so hat man an den Landungsbrücken die Wahl zwischen einem Pangasius aus Vietnam, Shrimps aus Thailand oder einem Viktoriabarsch aus Tansania. Norwegischer Lachs geht da schon als heimischer Fisch durch. Und der Pangasius kommt so lange in die Presse, bis er aussieht wie eine Scholle. Serviert wird der Fisch von einem bulgarischen Kellner, auf dessen Kostüm, das in Bangladesch genäht wurde, »Hein« oder »Fietje« steht.

Heute ist es, glaube ich, einfacher und dazu klimafreundlicher, selbst zum Fisch zu fliegen als sich einen Fisch in Hamburg servieren zu lassen. Immerhin empfiehlt der WWF wenigstens noch den Verzehr von französischen Austern. Da denke ich mir natürlich, wenn es gut ist für die Umwelt: her mit den Dingern.

Frischer Räucheraal in der Räucherei von Olaf Jensen

Doch es lohnt sich, hartnäckig zu bleiben auf der Suche nach Fischspezialitäten, die von hier kommen. Obwohl ich mir als Kind ehrlich gesagt geschworen hatte, nie wieder Fisch anzurühren, weil es den bei uns jeden Freitag gab. Er bestand aus einer weißen Masse, in der sich große Gräten befanden. Fisch war eine ärmliche Speise, salzig durch die Konservierung. Deshalb ist der Fischfreitag wohl auch keine nordische, sondern eine katholische Erfindung, die mit der Vorschrift, freitags Fisch statt Fleisch zu essen, an das Leiden Jesu erinnern wollte. Nach dem Motto: In jedem Freitag steckt ein bisschen Karfreitag und wer Fisch isst, der soll gefälligst leiden. Aber meine dramatische religiöse Leidensge-

schichte – die mir auch den Weg in den Atheismus sehr erleichtert hat – hält mich heute nicht davon ab, lange Wege in Kauf zu nehmen, um am Samstag die Fähre nach Finkenwerder zu erwischen.

Olaf Jensen in seiner Räucherei

Dort verkauft einer der letzten Elbe- und Hafenfischer, Olaf Jensen, in seiner eigenen Räucherei im Frühling Stint, im Sommer Aal, im Herbst Wollhandkrabben und im Winter Zander, allesamt im Hamburger Hafen zwischen Oortkaten und Glückstadt gefangen. Sie treffen ihn auch auf dem Fischmarkt: jeden Sonntag zwischen 6 und 10 Uhr auf dem Ponton in der Elbe hinter der Fischauktionshalle. Aber kaufen Sie nicht zu viel Stint. Seine drei Kisten Fang reichen eben nur für die wenigen Enthusiasten. Sonst passiert am Ende das, was schon am Genfer See geschah. Dort wollten Einheimische und Touristen am liebsten den heimischen Saibling aus dem See essen und er wurde derart nachgefragt, dass schließlich ein Unternehmer aus China für Nachschub sorgte. Er nahm ein paar echt heimische Saiblinge mit nach China und sorgte für tonnenweise Nachwuchs.

Wenn es also die Hamburger nicht wirklich geschafft haben, die Welt mit kulinarischem Zuckerguss zu überziehen, so hat es doch JEDES, aber wirklich JEDES europäische Land rund um das Mittelmeer geschafft, eine Küche zu entwickeln, die lecker und einmalig ist. Und nicht nur das, sie haben es auch geschafft, diese Küche bis in die entlegensten Gegenden der Welt zu verbreiten. Sie können in Hamburg zum Portugiesen gehen, zum Spanier, zum Franzosen, zum Italiener natürlich, zum Jugoslawen – ja, der Hamburger geht immer noch zum Jugoslawen, und die Restaurants heißen alle Dubrovnik –, aber auch zum Griechen und Türken. In Hamburg gibt es derart viele gute portugiesische Restaurants, dass man sie einfachheitshalber in einem Portugiesenviertel zusammengelegt hat. Es liegt zwischen Michel und Baumwall. Von der gleichnamigen U-Bahn-Station kann man es ebenso ansteuern wie von den Landungsbrücken.

Und noch was, bevor ich es vergesse: In Zeiten von Kamps, anderen Bäckereiketten und Supermarktbäckern, die mit dem Slogan »Wir backen mehrmals täglich frisch« eigentlich meinen, dass sie mehrmals täglich Teigrohlinge aus der Backfabrik auftauen und aufwärmen, muss man mit der Lupe nach DEM Bäcker suchen. Ich selbst fahre oft große Umwege, um sogenannte »kleine Klöben« in der Bäckerei Wulf im Eppendorfer Weg zu ergattern. Dort befindet sich die Backstube direkt hinter dem Verkaufsraum. Kleine Klöben sind traumhaft! Und Originale dazu, probieren Sie sie. Bei Wulf schmecken auch die Franzbrötchen, die als Hamburger Erfindung gelten. Diese dürfen nicht, wie man es bei Kamps macht, knusprig-hart sein, sie müssen datschig und weich sein. Da lohnt sich die Anreise.

Allein für die kleinen Klöben lohnt sich eine Reise nach Hamburg. Weich sind sie, datschig, aber auch im Ansatz knusprig, süß, aber nicht zu süß, einfach nur gigantisch.

Wunderbare Franzbrötchen und »Kleine Klöben«

■ **Bäckerei Wulf**
Eppendorfer Weg 52 · 20259 Hamburg · Telefon: 040-405852
Fußläufig zu erreichen von der U2-Station Christuskirche.

Echtes Hamburg

■ **Fisch aus dem Hafen I, gefangen von Olaf Jensen**
jeden Samstag von 14 bis 16 Uhr in Finkenwerder

■ **Fisch aus dem Hafen II, ebenfalls gefangen von Olaf Jensen,**
jeden Sonntag, ab 6 Uhr auf dem Fischmarkt unten an der Elbe,
S-Bahn Reeperbahn und dann Richtung Elbe gehen.
Sein Stand ist auf dem Ponton in der Elbe hinter der Fischauktionshalle.

Dieses Kapitel
gelesen von Sebastian Schnoy

Hafenrundfahrten für Fortgeschrittene

Zum U-Bahn-Preis mit der HADAG-Fähre inklusive Baden in der Elbe

Wer zum ersten Mal nach Hamburg kommt, weiß vielleicht nicht, dass auf der Elbe HADAG-Schiffe unterwegs sind, die den gleichen Status haben wie eine U-Bahn oder ein Bus. Das heißt: Sie können mit Ihrem U-Bahn-Ticket eine Gratis-Hafenrundfahrt machen. Die HADAG-Fähren haben einige Haltestellen am nördlichen Elbufer und fahren auch zum südlichen Ufer nach Finkenwerder. Auf diesen Schiffen treffen Sie auch die meisten Hamburger. Frühmorgens fahren viele Leute, die bei Airbus arbeiten, hinüber nach Finkenwerder, am Nachmittag gibt es auf den Dampfern eine Rush-hour in umgekehrter Richtung. Da die HADAG-Fähren einige der schönsten Elbabschnitte anfahren, sind sie der Schlüssel für schöne Erlebnisse. Vor allem an der Haltestelle Övelgönne sollten Sie aussteigen, da hier der erste Elbstrand beginnt. Laufen Sie einfach etwas stromabwärts und legen Sie sich zu den Einheimischen in den Sand und baden Sie in der Elbe, denn es geht! Seit 1961 gibt es Klärwerke in Hamburg, seit 1980 die Grünen und seit 1989 keine DDR mehr.

Am besten schauen Sie, wo jemand anderes sich traut, springen einfach hinterher und nach ein paar Zügen im Strom können Sie sich ein Astra an der Strandperle holen und im Sand chillen. Aber schwimmen Sie nicht zu weit raus, denn natürlich gibt es eine gefährliche Strömung.

Alternative Hafenrundfahrt mit der Hamburggruppe

Normale Hafenrundfahrten kosten 15 bis 18 Euro und bei ihnen erfährt man oft nur Döntjes. Für nur 7 Euro kann man an fast jedem Saisonwochenende Hafenrundfahrten der Hamburggruppe machen. Hier erfahren Sie viel Kritisches über den Welthandel, Migrationsbewegungen, Macht und Ohnmacht, alles, was sich hinter den schlichten Hüllen der Container verbirgt.

www.hamburg-gruppe.de

Mit der Privatjacht auf die Insel Schweinesand

Für ca. 120 Euro können Sie vier Stunden auf einer Privatjacht durch den Hafen brausen und bestimmen die Route selber. Es ist auch möglich, einen Skipper dazu zu buchen. Das Besondere: Nur mit einem eigenen Boot können Sie auf Schweinesand festmachen, einer Elbinsel direkt gegenüber vom feinen Blankenese. Da man dort nur mit dem Boot hinkommt, sind Sie hier fast alleine mitten in der Stadt und genießen den spektakulären Ausblick auf das Treppenviertel und die Villen an der Elbchaussee, die man nur von dieser Seite in ihrer ganzen Pracht sehen kann. Hartgesottene fahren auch mit dem Kajak rüber.

www.bootszentrum-hamburg.de

Unter Segeln im Hafen – wie schön!

Für ca. 99 Euro pro Nase kann man mit Holger Brauns direkt ab Citysporthafen am Baumwall für vier Stunden auf die Elbe segeln. Die wenigsten trauen sich, schon hier im Elbverkehr die Segel zu hissen, aber er kann es halt. Wer das Geld übrig hat, sollte es unbedingt machen.

www.elbsegelei.de

Billstedt und Horn schufen die Stadtplaner im Zorn

Die meisten Hamburger wohnen in Stadtteilen, die nichts von dem haben, was Hamburg so einmalig machen soll. Keine Brücken, keine Schiffe, kein Wasser. So auch Billstedt, wo ich aufwuchs. Als hier im Dezember 2014 vier Tonnen illegale Silvesterböller sichergestellt wurden, schaffte es Billstedt zum letzten Mal in die Tagesschau. Vier Tonnen ist eine sehr große Menge. Wie viele abgerissene Hände und verbrannte Gesichter hätte es gegeben, wäre diese Ware auf die Schulhöfe gekommen?

Eine kurze Anfrage im Internet, was es an Neuigkeiten aus Blankenese und Billstedt gibt, zeigt, dass zwischen den beiden Enden der Stadt ganze Welten liegen: Während das Hamburger Abendblatt davon berichtet, dass Versicherungsunternehmer Harald Baum zu seinem 75. Geburtstag in seinem Haus im Blankeneser Treppenviertel die Hamburger Symphoniker hat aufspielen lassen und sich die Hamburger Medienbosse auf dem Süllberg getroffen haben (inklusive langer Beschreibungen, wer dort was für die Gäste gekocht hat), geht es in Billstedt am gleichen Tag um diese Themen: rätselhafte Brandstiftung, Einbruch, Bombendrohungen. Dazu war ein Einundvierzigjähriger bei einem Streit unter Drogendealern erstochen worden. Das Horrorhaus vom Havighorster Weg und das Gespensterhaus in Steinbek hatten auch für neue Schlagzeilen gesorgt. Letzteres ist ein kleines, hübsches Haus, das mangels Erben an die Stadt gefallen ist, verfällt und von Obdachlosen besucht wird. Zwei Tote und eine Vergewaltigung hat es hier gegeben. Keine schöne Vorgeschichte, um dort mit der Familie einzuziehen. Das Horrorhaus vom Havighorster Weg hingegen ist ein riesiges, leer stehendes Hochhaus, das irgendwann mal saniert werden soll und bis dahin die Anwohner gruselt. Über hundert Wohnungen, die als dunkler Klotz in den Himmel ragen, sind schon gruselig genug. Doch der größte Schrecken bricht immer dann aus, wenn Anwohner nachts in irgendwelchen Stockwerken Licht sehen, dort, wo eigentlich kein Licht brennen dürfte. Denn auch dieses Haus wird immer wieder von Leuten besucht, die auf Abwege geraten sind. Der eine sucht einen Platz zum Schlafen und rollt in einem Zimmer seinen Schlafsack aus, die anderen wollen Spaß und zünden in der Wohnung darunter ein Sofa an. So ist das nächste größere Drama immer nur einen Zufall weit entfernt.

> **Hamburg-Quiz Teil 4 (Schwierigkeit: jetzt aber richtig schwer):**
> Welchen Ort gibt es in Horn nicht?
>
> A: Horner Kreisel
> B: Horner Schaukel
> C: Horner Rampe
> D: Horner Rennbahn

Das Horrorhochhaus liegt in Mümmelmannsberg, was zu Billstedt gehört, eine große, auf bis dahin grünem Hügel errichtete Plattenbausiedlung. Eigentlich hat Billstedt alles, was man für die Zukunft braucht: mehr Kinder und Jugendliche als anderswo und weniger alte Menschen. Über die Hälfte der Billstedter haben ihre Wurzeln in anderen Ländern. Das Leben hier ist bescheiden und kein bisschen hipp, und trotz Schlagzeilen von Schießereien und Messerstechereien führen die meisten Menschen in Billstedt ein ganz normales Leben. Kinder gehen zur Schule. Der größte Teil der Eltern geht zur Arbeit und mit etwas Glück und Fleiß beginnen auch hier erfolgreiche Geschichten.

Der schlimmste Feind der sozial schwachen Milieus ist die Rezession, deshalb taugen viele Arbeiterkinder, wie ich eines bin, nicht für das Linkssein. Soziale Gerechtigkeit ohne Jobs ist nur ein Notprogramm. Als in den 80er-Jahren die Wirtschaft in den Keller ging, versammelten sich jeden Tag an den U-Bahnhöfen Billstedt, Legienstraße und vor allem auch Horner Rennbahn bis zu fünfzig Männer an den Ausgängen und betranken sich. Eine triste Party. Eigentlich ist mein Plan, irgendwann einmal hierher zurückzukommen. Ich nenne ihn den Charles-Bukowski-Plan. Als Schriftsteller eine Wohnung im 12. Stock zu beziehen, mitten im Leben zwischen Menschen, die weder Zeit noch Geld haben, darüber nachzudenken, welche Designermöbel sie als Nächstes bei Bolia bestellen oder welchen Stuhl von Charles Eames sie noch nicht haben, übt einen gewissen Reiz auf mich aus. Allerdings stellte ich überrascht fest, dass ein Schreibzimmer in den ärmsten Stadtteilen von Hamburg nicht dramatisch viel günstiger ist als zum Beispiel in Eimsbüttel oder Ottensen. Der einzige Unterschied ist, dass in Billstedt ein Vermieter viel mehr Menschen pro Quadratmeter akzeptiert als in den feinen Ecken. So kann man gute Geschäfte machen mit der Vermietung eines Bettes für 200 Euro im Monat, wenn jedes Zimmer mit vier Handwerkern aus Osteuropa belegt ist.

Inzwischen hat man gemerkt, dass es ein Fehler war, auf einer riesigen Fläche nur einkommensschwache Schichten anzusiedeln. Mehr sozialer Wohnungsbau ist oft die Forderung, wenn neue Gebiete bebaut werden sollen, doch im Hamburger Osten ist dieses Rezept Gift geworden. Da hier fast nur Leute ohne Kohle wohnen, wären Eigentumsprojekte, Townhouses und ein bisschen Luxus genau das Salz, das in der Billstedter Suppe bisher fehlt. Quartiersmanager haben entdeckt, dass Billstedt an der Bille liegt. An einigen Stellen sind es nur wenige Hundert Meter zwischen der Fußgängerzone, dem Einkaufszentrum und dem Ufer des Flusses. Selbst als alter Billstedter musste ich erst mal auf eine Karte schauen, um das zu verifizieren, denn Stadtteil und Bille werden von einer vierspurigen Schnellstraße getrennt, und die bekommt man so schnell nicht weg. Erst dahinter verbirgt sich pralles Grün und Bootsstege mit alten Motorjachten. Vielleicht wird es irgendwann eine Marina Billstedt geben. Es sind diese Kontraste, die typisch für Hamburg sind. Denn direkt am anderen Ufer der Bille beginnt Billbrook: ein ganzer Stadtteil, der nur aus Speditionen, Lagern und Gewerbe besteht. Direkt nebenan grenzen die Vierlande an Billstedt. Hier wohnt man in alten Häuschen, die sich an kurvenreichen Deichen fein aneinanderreihen. »Bin ich hier auf dem Land?«, fragt man sich unwillkürlich, ist man doch nur von Grün umgeben. Radsportler surren an einem vorbei und die Bille wird hier zum Flüsschen, das an Obstgärten entlangfließt.

Doch Obacht, auch in Vierlande wird Großstadtluft geatmet, denn der Wind weht hier stetig von der Stadt her aus Nordwest. Und wenn man nur einmal falsch abbiegt, überquert man vielspurige Autobahnen. Ist der Horizont blau, kann es auch der Blick auf den riesigen IKEA Moorfleet sein, ist er grau, der Blick auf Heizkraftwerke und Lagerhallen. Doch ist der Bildausschnitt richtig gewählt, sieht man nur ein Bauernhaus mit einer alten Linde davor.

Ein besonders grünes Kleinod schließt Billstedt nach Süden ab. Hier fließt die Doove Elbe, ein stiller Nebenarm der echten Elbe, auf der man Motorboot fahren darf. Die Doove Elbe ist 18 Kilometer lang, über sie kann man in das Zentrum von Bergedorf einlaufen. Zwischen hohem Schilf mit Blick auf weitere Obstgärten

Moorburg ist ein kleines Dorf, das zum Hafenerweiterungsgebiet erklärt wurde. Früher oder später wird es für neue Containerterminals komplett abgerissen. Wann immer die Konjunkturlage einbricht, der Hafen nicht ausgelastet ist, atmet man hier durch.

und Gewächshäuser vergisst man schnell, wo man eigentlich ist. Man kann an Inseln anlegen, die so einsam sind, dass sich auf ihnen ein schönes Lagerfeuer entzünden lässt. Beim Bootszentrum Hamburg können Sie dafür zum Beispiel einen CraigCat, einen Zweisitzer mit 30 Pferdestärken am Heck, Radio, Sonnenverdeck und Getränkehaltern, leihen. Das Boot an einen Baum binden, Holz sammeln und nach dem Grillen geht's ab zum Schwimmen

Mancher kleiner Yachthafen versteckt sich zwischen Industrie und sozialen Brennpunkten.

ohne Strömung. In Billstedt gibt es bis heute keine Szenebars, kein Vapiano und keine Designerläden. Hier wartet man sehnlichst auf etwas, was sonst nur als Schimpfwort gebraucht wird: endlich ein bisschen Gentrifizierung. Da ja die Studenten und Künstler als Initialzündung für diese Entwicklung entlarvt wurden, versucht die Stadt, Studenten in Mümmelmannsberg anzusiedeln. Großzügige Mieterlässe sollen sie hierherlocken, doch sie weigern sich bis heute zu kommen. Dabei könnte es sich wirklich lohnen.

Für Geldübergaben, die diskret ablaufen sollen, hat die Stadt dieses Gelände unter der A7 im Hafen geschaffen. Regelmäßig treffen sich hier Gangs für kurze Besprechungen. Gibt es Streit, verläuft selbst eine Schießerei diskret, denn hoch oben donnert der Verkehr auf acht Spuren über die Betonbrücke.

Hier wartet gerade Sebastian Schnoy auf einen der Osmani-Brüder.

Hamburger
Regenlexikon

Der Frühling in Hamburg hat seinen ganz eigenen Zauber. Leuchtend gelb begeistern Tausende von Narzissen auf den Verkehrsinseln und Mittelstreifen der Straßen, doch immer wieder sieht man skrupellose Omis, die sich in genau diesem Blütenmeer mit einem Messer bücken und seelenruhig große Sträuße für daheim binden. Kaum wird es etwas wärmer, kommen auch die Nordic Walker wieder aus ihren Löchern, klappern

durch die Grünanlagen und lockern den Boden für die Tulpenzwiebeln auf. In ihrer Liebe zur Sonne tun die Hamburger genau das, was man in einer Liebesbeziehung besser nicht tun sollte: Sie klammern und setzen unter Druck. Kaum erreicht ein zärtlicher Sonnenstrahl den Boden des Stadtparks, ziehen schon die ersten ihre Jacken aus, legen sich auf den Rasen in den Hundekot, der zum Glück noch gefroren ist, und spielen Frühling. Oder sie setzen sich vor die Cafés ins Freie, weil sie gehört haben, dass man das in München auch so macht. Allerdings trägt man in Hamburg zum Kaffee eine große Wolldecke. Gespräche beginnt man gerne mit dem Satz: »Wo bleibt die verdammte Klimaerwärmung, wenn man sie mal braucht?«

Wer in Hamburg ab März um die Alster joggt, auf der Parade-strecke Nr. 1, begegnet Läufern und Läuferinnen in sündhaft teuren Hosen und Shirts von Prada, Joop oder Boss. Dazu trägt man eine riesige Sonnenbrille von Gucci, einen Platin-iPod und Spezial-Make-up von Kanebo. Die Paradestrecke ist eher eine Pradastrecke. Als ich einmal mit meinen ausgeleierten Boxershorts, alten Turnschuhen und einem uralten Sweatshirt, auf dem Dagobert Duck mit einem Bündel Geldscheine winkt, auf diese Modemeile trabte, erntete ich nur mitleidige, gar spöttische Blicke. Selbst Golden Retriever in Burberry-Mäntelchen und mit Halsbändern von Cartier wurden zurückgepfiffen, als ich mit mei-ner Stoßatmung um die Ecke bog. Schließlich stoppte mich eine Art Parkwächter, der mich wie ein Türsteher anpflaumte: »In dem Aufzug, kommst du mir nicht auf die Strecke!«

Ich hoffe, Sie müssen nie einen Februar in Hamburg verbringen. Ganz ehrlich: So ein Februar in Hamburg fühlt sich an wie das Leben in einem Atombunker nach dem Nuklearkrieg. Man ver-lässt die Wohnung möglichst nicht, öffnet nur einmal am Tag das

Fenster, um es angesichts des lebensbedrohlichen Fallouts, der draußen in Form von eiskaltem Regen niedergeht, schnell wieder zu schließen. Die Eskimos haben angeblich zehn Bezeichnungen für Schnee, wir Hamburger haben dafür vielfache Bezeichnungen für Regen.

Gut, Sie werden gerade nass, aber was regnet da genau auf Sie herunter?

Laut der in Hamburg gegründeten Regenforschung (Pluviatologie) unterscheidet man zwischen feinen und fiesen Regenarten und das steigert sich bis hin zur Regenhölle:

Regenschauer (umgangssprachlich: »Es schüttet!«)

Regen für Einsteiger, zum Beispiel Touristen. Schauer werden von trockenen Phasen unterbrochen, es sei denn, sie entwickeln sich zum Dauerschauer.

Nieselregen (umgangssprachlich: »Es gießt!«)

Grauer Himmel, keine Wolken unterscheidbar, feine Tropfen, dauert mindestens drei Tage.

Sprühregen (umgangssprachlich: »Es pisst!«)

Eine der fiesesten Regenarten überhaupt. Feinster Sprühregen, hat keine Tropfen. Er fühlt sich so an, als würde jemand direkt vor dem eigenen Gesicht einen Zerstäuber mit Wasser entleeren. Dringt überall ein. Idealer Regen, um im Freien Geständnisse zu erpressen.

Regen, der an Bindfäden hängt (umgangssprachlich: »Voll fies!«)

Mehrtägige Wetterlage, durch die Massen an Regentropfen bilden sie bei wenig Wind durchgehende Fäden. Besonders gefürchtet bei Radfahrern.

Wolkenbruch (umgangssprachlich: »Es schüttet aus Eimern!«)

Kurzer und heftiger Wolkenbruch. Woanders dampft danach der Asphalt und die Sonne kommt wieder hervor. In Hamburg folgt auf den Wolkenbruch immer eine längere Phase mit Nieselregen. Vorkommen: vor allem im Sommer, nachdem es endlich mal warm ist. Jede Schönwetterlage bricht in Hamburg nach zwei bis drei Tagen zusammen, da die Sonne nicht auf trockenen Boden scheint, sondern auf pralles Grün, viel Wasser, viel Feuchtigkeit, die verdunstet, woraus sofort Wolken entstehen. Immer dann, wenn man gerade Freunde zum Grillen eingeladen hat. Eine Nichtbeachtung dieser Regel zeigt sich in diesen Sätzen von Neu-Hamburgern: »Hey, total sonnig und warm gerade [jetzt]. Kommt doch am Sonntag [in vier Tagen] zum Grillen vorbei, das müssen wir ausnutzen.« Alt-Hamburger sagen Sätze wie diesen: »Hey, total sonnig gerade [jetzt], kommt doch jetzt [sofort!] zum Grillen vorbei.«

Starkregen (umgangssprachlich: »Es regnet Katzen und Hunde!«)

Starkregen ist erst Starkregen, wenn er so stark ist, dass man mit dem Auto anhalten muss, weil man nichts mehr sieht, selbst wenn der Scheibenwischer auf schnellster Stufe wischt. So wie Blitze von Bäumen und Segelmasten angezogen werden, wird Starkregen von Open-Air-Veranstaltungen angezogen.

Schneeregen (umgangssprachlich: »Ich ziehe nach Mallorca!«)

Eine unbeliebte Variation im Februar. Während in Ischgl Schnee noch Schnee ist, reicht es in Hamburg bei vier Grad nur zu einem feuchten Schneeregen, der den Boden auch nicht weiß bedeckt, sondern zu grauem Schneematsch wird. Ein Phänomen, das Ihre Hamburgliebe auf eine harte Probe stellt.

Hagelschauer (umgangssprachlich: »Aua!«)

Schneeregen lässt den Radfahrer fluchen, Hagelschauer lassen ihn schreien, denn die Eiskugeln tun weh. Er wartet unter einer Brücke.

Eisregen (umgangssprachlich: »Ich bleib zu Hause!«)

Eisregen ist normaler Regen, der auf einen gefrorenen Boden trifft und hier sofort gefriert. Sehr gefährlich, sofort gibt es Hunderte von Auffahrunfällen. Vor dieser seltenen Wetterlage mit kaltem Boden und warmen Regenwolken warnt die Icerain Task Force im Tropeninstitut, die alle Pendler einzeln anruft und Flugblätter über Pendlerburgen wie Pinneberg abwirft.

Platzregen (umgangssprachlich: »Ey ne, nä. Nicht jetzt!«)

Ein sadistischer Regen, der sich auf Wochenmärkte und Plätze spezialisiert hat, die überquert werden müssen, um U-Bahn-Stationen zu erreichen.

Westerland – Hamburgs Stadtrand

Viele Hamburger zählen Westerland und Travemünde zum Stadtrand. Was dem Münchner die Alpen, sind dem Hamburger Ost- und Nordsee – zum Greifen nah. Seit ich in Schnelsen wohne, brauche ich in der Rushhour genauso lange zum Dammtorbahnhof wie zur Ostsee, rund fünfzig Minuten. Ich entdeckte dies vor drei Jahren und begann mit dem Windsurfen. Da man als Schriftsteller oft auf Inspiration wartet und als Surfer oft auf Wind, schien mir dies die ideale Kombination.

Allerdings ist der wichtigste Tipp für die Ostsee: Man kann sie nur spontan aufsuchen. Wer im Winter eine Woche Travemünde für den nächsten Sommer bucht, hat eine Fifty-fifty-Chance auf Familienstreit im Ferienhaus, während der Regen aufs Dach trommelt. In Norddeutschland kann es an jedem Tag des Jahres 13 Grad und Regen geben, im Januar genauso wie im Juli.

Verzweifelte buchen dann noch während ihres Ostseeaufenthalts einen Flug nach Mallorca, weil sie zu wenig Urlaub für Experimente haben. Es gibt in Hamburg aber auch eine Gruppe von Surfenthusiasten, die regelmäßig zum Wellenreiten nach Sylt aufbrechen. Sylt ist einer der nobelsten Vororte Hamburgs. Aber statt sich mit dem Range Rover dorthin chauffieren zu lassen, kann man sich auch für weniger als 30 Euro in den Zug setzen, einmal wegnicken und in Westerland aufwachen, wenige Hundert Meter vom Strand. Als günstigste Übernachtungsmöglichkeit empfehlen die Surfer einen Strandkorb.

Von Hamburg erreicht man Sylt auch per Linienflug für knapp 500 Euro hin und zurück (Syltair). Da kann man aber auch schon fast über einen Charterflug mit einer Cessna von Hamburg Air nachdenken. Für schlappe 1200 Euro geht's nach Sylt. Für 350 Euro pro Nacht wartet der Pilot auch neben Ihrem Reetdach-Haus bis zu zwei Tage auf den Rückflug. Dazu sei noch St. Peter-Ording genannt, ein weiterer Sehnsuchtsort der Hamburger an der Nordsee.

Hier darf man ganz amerikanisch mit dem Auto auf den Strand rollen. Das machen an schönen Sommertagen mitunter 20.000 Leute. Trotzdem – und das ist das Besondere in St. Peter-Ording – ist für alle und alles Platz. Neben den Autos sitzen Leute auf Klappstühlen und hören Radio, überall knattern Drachen in der Luft und bemalen den Himmel mit bunten Punkten. Es wird gebadet und im Sand gespielt und trotzdem ist es noch weit zu den Kitern und den Strandsurfern, fast wähnt man sich in Kalifornien.

Um es auf den Punkt zu bringen: Die Ostsee ist ein kaltes Meer mit wenig Wellen, dafür mit vielen Quallen. Eigentlich ist es zum Schwimmen unbenutzbar. Wabbelquallen sind für sich genommen schon eklig, doch dann ist garantiert immer noch eine Feuerqualle dabei.

Bei Ebbe der breiteste Strand der Welt: St. Peter Ording

Und die Nordsee ist ein Meer, das immer dann, wenn man es braucht, gerade nicht da ist. Außerdem ist die Nordsee in der Nähe von Hamburg nur in St. Peter-Ording mit Strand versehen. Der Rest der Nordseeküste in Schleswig-Holstein besteht aus einem hohen Deich, hinter dem man mal auf graues Wasser, mal auf Matsch schaut. Dieses Matschmeer schwappt direkt an die Graskante. Für Schafe mag das verlockend sein, auch öde Paare in Regenjacken von Jack Wolfskin halten sich hier gerne auf, aber sonst? Überflüssig ist dieses Meer.

Also, wenn Sie können, fahren Sie ans Mittelmeer.

Wie in den USA: mit dem Auto an den Strand, yeah!

Der Ötzi von Barmbek

oder: Das typische Hamburger Understatement

Barmbek müssen Sie im Auge behalten, denn es hat alles, um die nächste Schanze zu werden. An der Fuhlsbüttler Straße kommt fast Londongefühl auf, wenn sich Busse und Pkw im Stau dieser breiten Einbahnstraße im Schritttempo bewegen. Die Lücken zwischen den Autos nutzen viele Menschen, um die Fuhle, wie die Fuhlsbüttler Straße hier zärtlich genannt wird, zu überqueren. Auf beiden Seiten reihen sich Läden aneinander, viele mit bescheidenem Angebot. Hier gibt es noch alte Menschen aus der Zeit, als Barmbek ein ebenso klares Arbeiterviertel war wie die Schanze selbst. Doch lungern auch schon die Agenten der Gentrifizierung herum: Studenten, die zwar noch brav bei Penny einkaufen und sich im Schweinske treffen müssen, aber in sich schon einen Keim tragen: den Wunsch nach veganem Essen, kultigen Cafés und vielleicht einem Club, in denen Bands aus dem echten London auftreten. Immerhin gibt es mit der Zinnschmelze schon mal ein Kulturzentrum um die Ecke.

Bis vor wenigen Jahren hielt Barmbek nur einen Rekord: den im Tot-in-der-Wohnung-Liegen. Fünf Jahre schaffte das hier in der Dieselstraße ein arbeitsloser Schlosser und Alkoholiker. Das war Rekord in Deutschland, wurde aber nicht im Guinnessbuch der Rekorde gelistet. Seit dem 5. Dezember 1993 lag der Barmbeker regungslos auf seinem Sofa vor laufendem Fernseher. Als die Polizei genau fünf Jahre später diesen 5. Dezember als Todestag festlegte, war ich zunächst vom kriminologischen Fachwissen der Beamten beeindruckt. Wie kann man nach so einer langen Zeit mit einem Blick auf den Leichnam sagen: »Dieser Mann starb am 5. Dezember 1993.«? Erst als ich hörte, dass das TV-Programm der HÖRZU auf dem Beistelltischchen lag, just an diesem Tag aufgeschlagen, dachte ich: »Na gut.«

Wie kann jemand fünf Jahre unbemerkt auf dem Sofa liegen? Die Mutter des mit 48 Jahren noch jungen Toten, überwies Monat für

Monat seine Miete. Gute Mütter machen so etwas, auch, wenn man längst zerstritten ist. Zudem entleerte der Freund der Mutter regelmäßig den Briefkasten des als pöbelndes Wrack gestrandeten Sohnes. So gab es keinen Ärger mit Stromversorgern und anderen Rechnungsstellern. Da ihr Sohn längst aufgehört hatte, das Telefon abzunehmen oder auf Läuten zu reagieren, fiel es nicht auf, dass sich dies auch in den folgenden fünf Jahren nicht änderte. Er starb am Anfang eines kalten Winters. Seine Heizung war gedrosselt, die Fenster standen auf Kipp. So wurde die übelste Phase der Verwesung weggelüftet. Selbst Sommer können in Hamburg kühl sein und jetzt wissen Sie, WIE kühl!

Als es schließlich doch warm wurde, teilte ein Experte dem Spiegel mit, war die Leiche schon mumifiziert. Die ersten Jahre lief der Fernseher, und wer schon mal an der Tür seines eigenen Nachbarn vorbeigegangen und einen ebenso laufenden Fernseher gehört hat, kennt den Gedanken, den man dann denkt: »Aha. Der Nachbar schaut fern.« Erst nach mehreren Jahren ging der Fernseher kaputt. Das Gerät war von Grundig. Dieser bestandene Dauertest wurde nie in die Werbung aufgenommen: »Grundig – unsere Geräte halten länger als Sie«.

Besonders schräg erscheint im Nachhinein der kleine Weihnachtsbaum, der im Küchenfenster stets am frühen Abend per Zeitschaltuhr anging und mit einer Lichterkette erstrahlte. An heißen Augusttagen ebenso wie in allen Wintern dieser fünf Jahre. Natürlich hat man als Mann auch keine verderblichen Lebensmittel im Haus. Die geöffnete Dose Bier war schnell verdunstet, die anderen standen geschlossen auf dem Küchenboden. Irgendwann konnte die Mutter des Ötzis von Barmbek nicht mehr die Miete für ihren Sohn aufbringen. Selbst geschwächt, stellte sie einfach die Mietzahlungen ein, nachdem ihr Sohn auch nach langem Läuten das Telefon nicht abnahm. Vermieter reagieren schneller als Verwandte, zumindest wenn die Miete nicht mehr eintrifft. Als die Wohnung aufgebrochen, der Tote entdeckt und die Polizei vor Ort war, traf auch ein Fernsehteam einer Boulevardsendung ein und stellte einer Nachbarin die Frage: »Kam es Ihnen nicht komisch vor, dass der Weihnachtsbaum auch den ganzen Sommer hindurch leuchtete?« Ihre Antwort: »Joa, sicher, im Sommer fand man das irgendwie seltsam, aber im Winter passte das ja wieder.«

Da war sie wieder, diese typisch britische Hamburger Gelassenheit.

Da bin ich aber platt

In Hamburg sagt man Moin!

Dialekte wärmen ungemein, und sich dem Erhalt des Platt-deutschen zu widmen, so wie es viele Institutionen und Initiativen tun, ist sicher genauso schön wie die Zucht seltener Rosen und vergessener Kartoffelsorten. Tatsächlich stirbt Plattdeutsch jedoch aus. Zwar konnte es das Englische befruchten, sodass seine Gene in aller Welt zu finden sind, doch das echte Platt wird nur noch an wenigen Orten, zum Beispiel im Ohnsorg-Theater, gesprochen. So wie man sich in Zoos um die letzten Pandabären kümmert und versucht, sie zu bewahren, wird hier das Platt für Fans gepflegt.

Immerhin finden sich viele plattdeutsche Begriffe so selbstverständlich in der Hamburger Alltagssprache wieder, dass man ihre plattdeutsche Herkunft glatt vergessen könnte.

Plattdeutsche Begriffe, die heute noch benutzt werden:

Ackerschnacker
   Handy

ausklamüsern
   austüfteln, aushecken, ausdenken, planen

breesig
   dumm, dämlich

Daddelautomat
   Spielautomat, daddeln = spielen

fikelinsch
   kompliziert, knifflig, schwierig, vertrackt,
   aber auch: hinterhältig, clever

Gören
freche Kinder

Dönskram
Quatsch, Blödsinn

Döntjes
Märchen, Anekdoten

Dösbaddel
Trottel, Trampel

Ich bin krüsch
Ich bin pingelig / wählerisch beim Essen

Du bist'n Bangbüx
Du bist ein Angsthase

Glattschnacker
jemand, der sich einschmeichelt und versucht, sich Vorteile zu verschaffen

Gnatschbüdel
Nörgler, jemand, der ständig meckert

Heiopei
ein windiger Bursche, jemand, auf den man sich nicht verlassen kann, -> Schnacker

Klogschieter
Klugscheißer

Moin Moin
Guten Morgen, Guten Tag, Guten Abend

muggelich
warm, gemütlich

Na min Deern
Na, mein Mädchen

nölen
maulen, meckern

överkandidelt
aufgedonnert, übertrieben

Pinökel
Knopf, Knauf

pischern/püschern
Pipi machen

rumpütschern
dies und das machen

sabbeln
zu viel reden

Sabbelbüdel
jemand, der viel redet, ohne dabei etwas zu sagen

Schietwetter
Scheißwetter

Schmodder

Dreck, Mist

smöken

rauchen

Schnacker

Schwätzer

schnacken, beschnacken

sich unterhalten, besprechen

Schnackerwatt

Klugscheißer

Schnutenschnacker

jemand, der einem nach dem Munde redet

Tampen

Tau, Seil

Transuse

Lahmarsch

Tüddelkram

Quatsch

Ich bin heute echt tüddelich – Ich vergess heute einfach alles

Oma ist schon ziemlich tüddelich – Kann gut sein, sie wird ja dieses Jahr auch schon fünfundachtzig

verknusen

vertragen, ertragen

Waterkant

Küste, Ufer

zappenduster

sehr dunkel, da ist nichts mehr zu machen

Schöne plattdeutsche Old-school-Begriffe:

Heiermann

Fünfmarkstück – kommt wahrscheinlich von Heuer

Lütt und Lütt

Korn und 0,2 Liter Bier

Pottkieker

Topfgucker, einer der nicht warten kann, bis das Essen auf den Tisch kommt

Quittje

Zugezogener, kein echter Hamburger

Spökenkieker

Geisterseher, Hellseher, Besserwisser, Phantast, Spinner

Fotonachweis

Titelmotiv	bobey100/iStockphoto Montage: Karl Serwotka
Seite 4, 8, 9, 10/11, 12, 13, 18, 20, 21, 29, 30, 31, 36, 39, 41, 42, 44, 46, 47, 49, 52, 55, 59, 62, 65, 67, 76, 81, 82, 85, 90/91, 94/95, 96, 98, 103, 104, 105, 107, 111, 112, 116, 117, 118/119, 121, 125, 141	Tom Wald, Hamburg
Seite 2/3	JiSign/fotolia.com
Seite 5, 88, 122	Christian Schultz
Seite 6	M_Oxlock/fotolia.com
Seite 14, 134	Marco2811/fotolia.com
Seite 16	dennisstracke/fotolia.com
Seite 18 (Fische)	skabarcat/fotolia.com
Seite 26	Matthias Stolt/fotolia.com
Seite 33	pruzi/ pixabay
Seite 35	Christian Müller/fotolia.com
Seite 40 (Fliegende Möwen)	S.Konstiantyn/fotolia.com
Seite 40 (Möwe)	L_Marco2811/fotolia.com
Seite 45	Gina Sanders/fotolia.com
Seite 56	L._StefanieB/fotolia.com
Seite 61	Sebastian Schnoy
Seite 64	by-studio/fotolia.com
Seite 66/67 (Regenschirme)	stockphoto-graf/fotolia.com
Seite 68 (Stempel)	sulupress/fotolia.com
Seite 68 (Briefmarke)	By Deutsche Bundespost (scanned by NobbiP) [Public domain], via Wikimedia Commons
Seite 70	Geschichtswerkstatt Wilhelmsburg HONIGFABRIK, www.geschichtswerkstatt-wilhelmsburg.de
Seite 72	By An-d, CC BY-SA 3.0, https://commons.wikimedia.org/w/index.php?curid=41993927
Seite 74	Bernd Sterzl, Pixelio
Seite 79	bobey100/iStockphoto (Anker) Tarzhanova/fotolia.com (Slip) Montage: Karl Serwotka

Der Fotograf

Tom Wald

Bereits im Alter von zehn Jahren begeisterte sich Tom Wald für das Fotografieren. Als er vor einigen Jahren eine Sony DSLR bekam, entbrannte endgültig seine »totale« Leidenschaft. Lieblingsmotive hat er nicht, vielmehr reizt ihn das Außergewöhnliche: »Normal kann jeder. Ich will den lauten bunten Dschungel«. Deshalb erklärte er sich auch gern bereit, gemeinsam mit unserem Autor die versteckten Ecken von Hamburg in Szene zu setzen. Sein ausdrucksstarkes Portfolio stellt er vor unter www.bildwald.de.

Satirisches Handgepäck

Kabarettisten schreiben über ihre Stadt:

- konsequent subjektiv
- manchmal ungerecht
- mit liebevollem Augenzwinkern

Mit Audio-Tracks eingelesen von den Autoren

Michael Müller Reiseführer
So viel Handgepäck muss sein.

www.michael-mueller-verlag.de

MM-City: die Städteführer

Mit Reise-Profis durch Mini-Metropolen und Weltstädte:

- praktische Infos und Hintergrundwissen
- individuelle Autorentipps
- Stadtrundgänge mit detaillierten Karten

Über 220 Reise-, City- und Wanderführer
zu Europa und der Welt

Impressum

Hamburg – Satirisches Handgepäck von Sebastian Schnoy

Herausgeber: Christian Schultz
Covergestaltung: Karl Serwotka
Projektregie: Corinna Brauer
Lektorat: Peter Ritter
Karten: Judit Ladik
Layout: promedia designbüro, Erlangen
ISBN 978-3-95654-409-5
© Copyright Michael Müller Verlag GmbH, Erlangen 2016
Alle Rechte vorbehalten. Alle Angaben ohne Gewähr.
Druck und Bindung: Livonia Print, Riga
1. Auflage 2016
www.michael-mueller-verlag.de